民生委員
のための
相談面接
ハンドブック

小林 雅彦＝著

中央法規

# はじめに

　民生委員の重要な役割の一つに相談があります。本書は、この民生委員の重要な役割である相談を取り上げ、民生委員の皆さんに相談上手になってもらいたいという願いからまとめました。

## [相談面接に必要な知識や技法は学習によって修得できる]

　相談にあたる民生委員は、常に相談者の立場に立って寄り添う気持ちを持ち続けることが大切です。といっても、頭の中だけで「寄り添う気持ちがあります」と思っていても相談者には伝わりません。大切なことは、「あなたの問題をしっかり受け止めています。支援し寄り添っていきたいという気持ちでいます」ということが相談の場面で相談者にきちんと伝わることです。

　そのためには必要な知識や有効な技法があります。それを簡潔にまとめたのが本書です。

## [本書で使う「相談面接」という言葉]

　民生委員が行う相談の場所は、民生委員宅に相談者が来る場合、心配ごと相談所で対応する場合、調査やチラシ配布で訪問した際、行事のついで、買い物途中のスーパーで等々、いろいろあります。

　本書で使っている相談面接とは、このようなさまざまな場面で交わされている「個人や世帯が抱えている何らかの問題の解決を目的に、相談者と民生委員との間に交わされる会話やメッセージの交換」のことをいいます。

　専門職の場合は面接室であらかじめ準備をしておいてから面接を行う

ことが多いわけですが、民生委員の場合は、むしろそれ以外の場面で相談を受けることが多いでしょう。つまり、民生委員は地域住民との日常的接触や会話をしながら、その延長として問題解決を目的にした会話が生まれることが多いということです。そこで、本書では相談面接を幅広くとらえ、そのような日常会話の延長として生まれるような問題解決に向けたやりとりも含めて相談面接ととらえます。

## [本書の内容は「民生委員が行う相談面接」に焦点を当てている]

　以上の考えや言葉の意味に基づき、本書は民生委員が相談面接をするうえで必要な知識や有効な技法を紹介します。

　相談面接の知識や技法を紹介する本はほかにもありますが、本書はあくまでも「民生委員が行う相談面接」にこだわりました。相談面接に必要な基本的知識や技法は民生委員であっても専門職であっても同じですが、一方で、民生委員と法律によって権限を与えられている専門職とでは、同じ相談面接といっても、その持つ意義や果たすべき責任の範囲などが異なります。その違いを踏まえて本書をまとめました。

## [本書の構成]

　本書は、次の4章で構成されています。

　第1章は、民生委員と相談面接の関係、専門職が行う相談面接との違い、相談につなげるための民生委員としての住民との接点づくりなど、民生委員として相談面接を行ううえで知っておくべき基本的事項を取りあげています。

　第2章は、相談面接の基礎となるコミュニケーション力をアップする方法を取り上げ、コミュニケーションのコツや留意点などを学びます。

　第3章は、実際の相談面接を行ううえで必要な知識と有効な技法を学

びます。

　第4章は、相談面接や支援にかかわる記録の意義や書き方を学びます。

　私は、これまで民生委員のためのシリーズを3冊書いています。多くの民生委員の方々に読んでいただき、また、講演の機会も与えていただきました。そのような時にお会いする民生委員や関係者の皆さんから、たびたび「相談についてわかりやすく解説した本がほしい」というお話を伺いました。そのような声にこたえたいと思い本書をまとめました。

　本書が、私がこれまで書いてきた「民生委員のためのシリーズ」の3冊の本と同様、民生委員の皆さんが行う相談面接にお役に立てれば幸いです。

## 目　次

### 第1章　民生委員と相談面接

*1* 相談面接には三つの要素が必要 …………………………………… 2
*2* 民生委員法が規定する相談の内容 ………………………………… 5
*3* 民生委員の職務は住民の立場に立って相談に応じること ……… 8
*4* 民生委員の行う相談面接は友人や家族への対応とは違う……… 11
*5* 民生委員が行う相談面接と専門機関が行う相談面接との違い … 14
*6* 民生委員と相談者とのさまざまな出会い ……………………… 16
*7* 民生委員制度を知ってもらうことが相談面接につながる …… 21
*8* 多くの住民と知り合うことが相談面接につながる …………… 24
*9* 民生委員は自分の内面を知っておく必要がある ……………… 27
*10* 民生委員らしさを活かした相談面接とは ……………………… 31

### 第2章　コミュニケーションの基本

*11* コミュニケーションは双方向の関係で成立する ……………… 36
*12* 言葉の理解の共有には話し手の配慮や工夫が必要 …………… 39
*13* コミュニケーションは言語、準言語、非言語の三つの手段で
　　構成される ………………………………………………………… 43
*14* 言語的コミュニケーション（言葉の内容や使い方）のポイント … 45
*15* 準言語的コミュニケーション（話し方、語調）のポイント … 48
*16* 非言語的コミュニケーション（話しやすい条件づくり）のポイント … 52
*17* 非言語的コミュニケーション（聴いているサイン）のポイント … 55
*18* 話を聴いていることを話し手に確実に伝える方法 …………… 58
*19* 相手と心の距離を近づける方法（ミラーリング） …………… 61
*20* 民生委員としてさまざまな人とコミュニケーションをとる … 63

# 第3章 相談面接に必要な知識と技法

- *21* 相談面接は問題の解決という目的を持って行う会話である ………… 66
- *22* 相談面接は段階や焦点を当てる部分によって種類が分かれる …… 69
- *23* 相談面接から問題解決に至る一連のプロセス ………………………… 71
- *24* 相談者は不安を持ち警戒をしながら相談をしている ………………… 74
- *25* 相談面接で最も大切なことは傾聴すること …………………………… 77
- *26* 相談者は話を受け止められると話しやすい（受容の必要性）……… 81
- *27* 相談者を一人の人として尊重する ……………………………………… 84
- *28* 開かれた質問と閉じられた質問を使い分ける ………………………… 87
- *29* 相談がなかなか前に進まない場合に先に進める方法 ………………… 90
- *30* 必要に応じて社会資源を紹介する ……………………………………… 93

# 第4章 相談面接と記録

- *31* 民生委員が作成する記録と書類 ………………………………………… 98
- *32* 活動記録の活用と記入のポイント ……………………………………… 101
- *33* 個別の支援にかかわる記録の活用と記入のポイント ………………… 104
- *34* 家族関係を図式化して理解する（ジェノグラムの活用）…………… 109
- *35* 相談者の支援関係を図式化して理解する（エコマップの活用）…… 112

# 第1章

# 民生委員と相談面接

*1* 相談面接には三つの要素が必要
*2* 民生委員法が規定する相談の内容
*3* 民生委員の職務は住民の立場に立って相談に応じること
*4* 民生委員の行う相談面接は友人や家族への対応とは違う
*5* 民生委員が行う相談面接と専門機関が行う相談面接との違い
*6* 民生委員と相談者とのさまざまな出会い
*7* 民生委員制度を知ってもらうことが相談面接につながる
*8* 多くの住民と知り合うことが相談面接につながる
*9* 民生委員は自分の内面を知っておく必要がある
*10* 民生委員らしさを活かした相談面接とは

# 相談面接には三つの要素が必要

民生委員として相談面接をするためには、そもそもどのようなことが必要なのでしょうか。

民生委員が相談面接をするためには、①地域住民に存在を認知してもらい信頼を得る、②基本的なコミュニケーション力を身につける、③相談面接に必要な知識や技法を修得する、この3点が必要です。

　常に住民の立場に立って相談に応じる民生委員が、適切に相談面接をするためには何が必要なのでしょうか。ここでは階層的に三つの段階に分けて整理しました。

### 第1段階：地域住民に存在を認知してもらい信頼を得る

　最も基本的なこととして、地域住民に民生委員の存在を知ってもらいいろいろな人と顔がつながることが必要です。役所の窓口には黙っていても問題を解決したい人が相談に来ますが、民生委員のところにはその存在を知らない限り相談者は誰も来ません。そこでまず地域のなかで民生委員の存在を知ってもらうことが必要です。誰も相談にやって来なければ、いくら民生委員が相談面接の知識や技法を十分知っていても、「宝の持ち腐れ」になってしまうでしょう。

　また、これは地域の専門機関との関係でも同様です。福祉や介護などにかかわる専門機関の職員が民生委員制度のことを知らないということはないでしょうが、実際にどこに住んでいる何という名前の人が

民生委員で、具体的にどんな役割を果たしているかということを知らない職員は少なくありません。これらの専門機関の職員に、民生委員は地域住民の身近な相談相手としての役割を持っていることを、あらためて認知してもらうことも大切です。

**第2段階：基本的なコミュニケーション力を身につける**

　コミュニケーションは、日常的に英語のままで使われていますが、辞書を引くと「通信」「通信手段」「（情報や意思の）伝達」「情報交換」「意思疎通」などさまざまな訳が載っています。なかでも民生委員が最も重視すべきことは「意思疎通」でしょう。つまり、コミュニケーション力とは「意思疎通する力」と言い換えられます。この力は、本来すべての人に必要ですが、特に人の心の内面や生活の問題にかかわる役割を担う人（民生委員も該当）にとって必要不可欠な力です。意思疎通を通して、相談者の抱えている問題を「共有すること」「共感すること」が大切です。

### 第3段階:相談面接に必要な知識や技法を修得する

　相談面接の知識や技法は、福祉事務所のソーシャルワーカーや施設の相談員、病院の医療ソーシャルワーカーなどの専門職には必須です。民生委員には、専門職と同じレベルの知識や技法が必要なわけではありませんが、困難を抱えている人の相談に対応する以上、相談面接に関する基本的ルールや技法などは知っておく必要があります。もし、専門職と一緒に面接をする場合にも、基本的な知識があれば、専門職の言葉の意図なども理解できるようになります。

**以上の三つの要素には階層がある**

　以上、民生委員が行う相談面接に必要な要素を三つあげましたが、これらは並列ではなく下の図のような階層になっています。

　そもそも地域で存在を知られていなければ相談者はやって来ないわけですから、まずは存在を知ってもらう必要があります。また、専門職と違い、民生委員は日常的な接触や会話のなかから相談面接に至ることが多いわけですから、基本的なコミュニケーション力を身につけておく必要があります。そのうえで、相談面接の知識や技法を活かす場面が生まれます。

　本書では、この三つの要素を次の2以下の項目で学んでいきます。

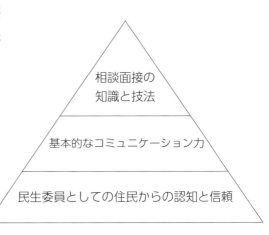

## 民生委員法が規定する相談の内容

民生委員法では民生委員の役割として相談についてどのように規定していますか。

民生委員法は、民生委員の行う相談について、住民の立場に立って相談に応じることや、援助を必要とする者がその有する能力に応じ自立した日常生活を営むことができるように生活に関する相談に応じることを規定しています。

### 答え　民生委員は民生委員法を正しく理解する必要がある

民生委員は、ボランティアなどと違い、勝手に名乗れるわけではなく、また、全く自由に活動できるわけではありません。選出方法も法で定められていますし、職務の内容や守るべき事項、地方自治体とのかかわりなどもすべて民生委員法（1948（昭和23）年制定）で規定されています。したがって、民生委員として活動するうえでは、法の正しい理解が不可欠です。

### 民生委員法では二つの条文で相談が規定されている

（1）住民の立場に立って相談に応じ必要な援助を行う（法第1条）

法第1条は民生委員の任務として、「民生委員は、社会奉仕の精神をもつて、常に住民の立場に立つて相談に応じ、及び必要な援助を行い、もつて社会福祉の増進に努めるものとする」と規定しています。

相談とは「問題の解決のために話し合ったり、他人の意見を聞いたりすること。また、その話し合い」（『大辞林』）とされていますが、

法第1条の規定は、民生委員は問題解決のために話し合い（こう書くと難しい感じになりますが、要するに住民の話を丁寧に聴き、必要なことを確かめたりしながら詳細に問題を理解し把握することです）、その内容に応じて必要な援助も行うことを規定しています。つまり、「相談を受けたらおしまい」ではなく、その先にある（と思われる）必要な援助を意識しながら相談を受ける必要があるということです。

　なお、法第1条で書かれている「必要な援助を行い」という意味ですが、これは、例えば介護が必要な高齢者から相談を受けたときに民生委員が介護をしなければいけない、ということではありません。必要な介護サービスを利用できるように、関係する専門機関につなぐなどのさまざまな形態の援助が想定されています。

（2）相談に応じ、助言その他の援助を行う（法第14条第1項第2号）

　法第14条第1項第2号では「援助を必要とする者がその有する能力に応じ自立した日常生活を営むことができるように生活に関する相談に応じ、助言その他の援助を行うこと」を民生委員の職務の一つとして規定しています。ここでは相談に応じる対象を「援助を必要とする者」としていますが、2000（平成12）年に改正される前の民生委員法では、この部分は、「保護を要する者を適切に保護指導すること」となっていました。つまり、職務の内容は「保護指導」であり、そこには支援する側と受ける側のお互いの感情が通じ合い、共感し合う場である「相談」という手順を踏むことは規定されていませんでした。

　しかし現在は、援助を必要としている者が「自立した日常生活を営むことができるよう」な援助を行うことが民生委員に期待されているわけですから、相談者（援助が必要な者）の抱えている問題の本質や背景、そして、どのような願いや希望を持っているかといったことを知るために必要不可欠な「相談に応じ」ということが規定されたわけです。

# 3 民生委員の職務は住民の立場に立って相談に応じること

民生委員法には、「常に住民の立場に立つて相談に応じ」とありますが、これは具体的にどういうことをいうのでしょうか。

民生委員の行う相談は、行政や専門機関の円滑な業務遂行を支援することが目的ではなく、また民生委員の思うように住民を指導することが目的でもありません。現に問題を抱えて悩み困っている住民の目線で問題をとらえ住民と一緒になって今後の対応策を考えることが重要です。

### 民生委員法第1条の改正

2000（平成12）年の改正により、民生委員法第1条は次のように変わりました。

| 改正前 | 改正後 |
|---|---|
| **第1条** 民生委員は、社会奉仕の精神をもつて、保護指導のことに当り、社会福祉の増進に努めるものとする。 | **第1条** 民生委員は、社会奉仕の精神をもつて、常に住民の立場に立つて相談に応じ、及び必要な援助を行い、もつて社会福祉の増進に努めるものとする。 |

上記のとおり、かつて民生委員は住民を「保護指導」する立場にありましたが、現在は「常に住民の立場に立つて相談に応じ、及び必要な援助」を行う立場になっています。

### 実態に合わなくなっていた「保護指導」という法規定

　改正前の規定にある「保護指導」のうち、「保護」とは力のない者や弱い者を力のある者や強い者が助けたり守ることを意味します。確かに、虐待されている児童や夫から暴力を受けている女性などを緊急時に「保護」することはあるかもしれませんが、通常はそれ以外の場面で民生委員が住民を「保護」することはありません。また「指導」とは、民生委員の側が正しい答えや方向がわかっていて、地域住民がそこに向かうように導くことをいいます。仮にこのような認識で地域住民にかかわると、一人ひとりの違いが見えなくなり、また、本人の選択や自己決定を尊重する意識も薄れてしまいます。

　では、法改正以前、民生委員はこのようないわば「上から目線」で住民とかかわっていたのかといえば、そのようなことはありません。現に、全国民生委員児童委員連合会は、法改正以前から民生委員・児童委員活動強化方策のなかで活動原則の柱の一つに「住民性の原則」を掲げていました。法改正はこのような民生委員側が提示し活動の原則としていた内容を後から法律で明確に位置づけたということができます。

### 「住民の立場に立って相談に応じ援助を行う」ということ

　では、あらためて住民の立場に立った相談援助とはどういうことでしょうか。本人、民生委員、そして専門職（例えば生活保護を担当する役所の職員）の三者の位置関係で考えてみましょう。

　かつての三者の位置関係は次頁の図 A でしたが、法改正後は図 B になったと考えればわかりやすいでしょう。

例えば、カウンター越しに相談をする場合、かつての民生委員はカウンターの内側で役所の職員と並んで座り、カウンターの外側にいる相談者と向き合っていたわけですが、現在の民生委員はカウンターの外側で相談者と肩を並べて役所の人と向き合っていると考えればよいでしょう。これは実際の位置関係というより、民生委員の視点と意識の重点をどこに置くかという話です。肩を並べて座るということは、同じ景色（悩みや困難な気持ち）を共有することにつながることを意味します。

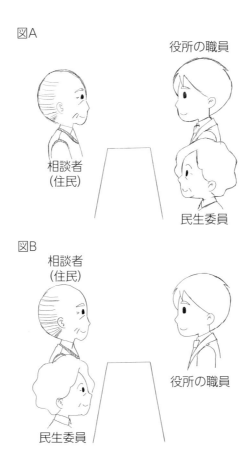

図A

役所の職員

相談者
（住民）

民生委員

図B

相談者
（住民）

役所の職員

民生委員

## 4 民生委員の行う相談面接は友人や家族への対応とは違う

民生委員として受ける相談面接は、友人などから受ける相談とはどこが違うのでしょうか。

 民生委員が民生委員として受ける相談は、制度に基づいて行われ、そこには果たすべき役割や守るべきルールがあります。これは、民生委員が一個人として家族や友人から受ける相談とは明らかに異なります。二つの相談を明確に区分して対応することが大切です。

 個人として受ける相談と民生委員として受ける相談を区別する

民生委員である皆さんが受ける相談には、次の2種類があります。
① 夫婦や親子、兄弟等のさまざまな家族関係や、友達、同僚、幼なじみなどの知り合いから受ける個人的相談
② 民生委員活動の一環として受ける相談

このうち、①の相談は、あなたが民生委員でなくても受ける相談であり、民生委員の役割とは直接関係ありません。その相談過程で民生委員活動を通して培った経験や知識が活かされることはあるかもしれませんが、民生委員法や児童福祉法等の法律によって相談分野や内容、守秘義務などが定められているわけではありません。

一方、②の相談は、あなたが民生委員であることによって相談を受けるわけです。つまり、民生委員である以上、家族でも親戚でも友達

でもない見ず知らずの人から、突然相談を受けることがあるということです。

**民生委員として受ける相談は社会的な仕組みに基づく相談である**

①を友達からの相談、②を担当地区内の住民からの初めての相談、と考えて両者を対比してみましょう（p.13表参照）。

①の相談の場合、対応方法がわからなければ「ごめん、わからない」で済みますし、そのことが社会的に問題にされることもありません。記録の必要はなく、そのことをうっかり誰かに話しても、友達から嫌われることはあっても法の守秘義務違反を問われることはありません。

一方、②の相談の場合はどうでしょう。住民が見ず知らずの民生委員の所に相談に来る理由は、「民生委員である以上、問題解決に一定の役割を果たしてくれるはずだ」と思うからやってくるわけです。したがって、民生委員は「相談の場面で民生委員としてどんな役割が期待されているのか」を理解したうえで対応する必要があります。

友達であれば一定の信頼関係があり、言葉遣いも特に気にする必要

はありませんし、その場でうまく対応できなくても、後から別な場面で助けてあげることもできます。ところが、民生委員として受ける相談は、もともと信頼関係が前提にあるわけではなく、また、うまくいかない場合には次の時に挽回すればよい、というものでもありません。

このように、民生委員は個人的な相談と民生委員として受ける相談との違いをよく認識し、区別したうえで相談活動にあたる必要があります。

### 個人として受ける相談と民生委員として受ける相談の違い

|  | ①個人として受ける相談 | ②民生委員として受ける相談 |
|---|---|---|
| 相談者 | もともと知っている人 | 知っている人とは限らない |
| 期待 | 個人の人柄や知識や経験に対する期待 | 民生委員制度に基づく役割に対する期待 |
| 相談内容 | あらゆること | 社会的対応が必要な問題が中心 |
| 挽回 | 事後の挽回が可能 | 事後の挽回はほとんど不可能 |
| 守秘義務 | 特になし（個人の問題） | 民生委員法に基づく守秘義務 |
| 記録 | 必要なし | 必要（内容により異なる） |

## 5 民生委員が行う相談面接と専門機関が行う相談面接との違い

民生委員が行う相談面接は、福祉や介護の専門相談機関で行っている相談面接とどこが違うのでしょうか。

**Point** 問題の解決という目的や、相談過程で守秘義務や個人情報保護などへの配慮が必要な点、さらに、自己決定の原則などは民生委員も専門職も共通ですが、法律での位置づけや権限の有無、責任の範囲などは両者で異なります。

**民生委員の行う相談面接と専門機関の行う相談面接の共通点**

両者が行う相談面接の最終的な目的が、相談者が抱えている問題の解決や不安の軽減などにあることは同じです。また、誰に対しても平等に対応すること、相談者の人権やプライバシー、意思を尊重することなどは民生委員も専門機関も共通です。

**民生委員の行う相談面接と専門機関の行う相談面接の異なる点**

両者の大きな違いは、専門相談機関が、例えば児童相談所は児童福祉法に基づき児童虐待にかかわる権限や責任を持つのに対し、民生委員にはそのような権限や責任は課されていないということです。

もちろん民生委員は何もしなくてよいわけではありません。民生委員法第14条第1項第2号は「援助を必要とする者がその有する能力に応じ自立した日常生活を営むことができるように生活に関する相談に応じ、助言その他の援助を行うこと」として、相談や援助を行うことを民生委員の職務として規定しています。対象は「援助を必要とす

る者」なので限定はありません。つまり、専門職より民生委員のほうが幅広い相談に対応することになります。ただし、個々のサービスの適否を判断したり、そのための調査権限などは民生委員には与えられていません。したがって、その範囲で民生委員は相談面接を行い、支援をするということになります。両者の違いはこれだけではありません。下表のとおり、置かれている条件などさまざまな点が違います。

### 専門機関が行う相談と民生委員が行う相談の異なる点

|  | 専門機関（職）が行う相談 | 民生委員が行う相談 |
| --- | --- | --- |
| 相談分野 | 特定分野に限定される | 特定分野に限定されない |
| 相談の時間帯 | 原則として決まっている | 原則として決まっていない |
| 相談の法規定 | 分野ごとの法で役割を規定 | 民生委員法で包括的に規定 |
| 権限 | 法により与えられている | ない |
| 相談の環境 | 相談室等の特定された場所 | さまざまな場所や条件の可能性 |
| 相談の事前準備の可否 | 事前に準備して相談を受けることができる | 事前準備をしていない状況で相談を受けることがある |
| 相談者の期待 | その機関による解決や対応策の具体的提示 | 他機関の紹介や橋渡し、民生委員個人への期待 |
| 目的達成の手段や方法 | サービス利用や金銭給付等の社会資源の利用可否の決定や手続き | 社会資源につなぐ場合がある一方、傾聴や共感により目的を達成することもある |
| 回答や判断 | 明確でなければならない | 通常は出さなくてよい |
| 対応の放棄 | 認められない | 不可能ではない |
| 相談の終結 | 明確な基準がある | 明確にしにくい（何らかのかかわりの継続が多い） |
| 相談に伴う調査や情報収集 | 法により強制できる権限が与えられている場合もある | 法により強制できる権限は与えられていない |

# 6 民生委員と相談者とのさまざまな出会い

民生委員はどのような経過で相談者と出会い面接をするのでしょうか。経過が違うと相談面接の具体的な目的や留意点も違ってくるのでしょうか。

**Point** 民生委員と相談者との出会いには、誰かの紹介や情報提供などがある場合とない場合があります。また、相談者が訪ねてくる場合と民生委員から訪ねる場合、さらに別な場所での相談面接もあります。相談面接に至る経過の違いにより、具体的な目的やポイントが異なる場合があることから、民生委員はどのような経過を経て今相談面接をしているのかを意識しながら対応することが大切です。

 民生委員はどのような経過により相談者と出会うのでしょうか。相談面接の際には、まずその点を意識しておく必要があります。

民生委員と相談者の出会いの経路やきっかけは大きく分けて次の三つがあります。どの場合でも、基本的な面接技法や留意点に変わりはありませんが、具体的な目的や話す際の留意点などが少し異なります。

以下の図の中の矢印は、相談そのものではなく、訪問や働きかけをする方向を示しています。

＜出会い1＞相談者から民生委員に相談をする場合

（近所・知人等）　相談者　　　　　民生委員

　これは、相談者から民生委員のところに相談に来る場合です。相談者が以前から民生委員を知っている場合もあれば、近所の人や友人などに教えられたことで初めて知って来る場合の二通りがあります。
　この＜出会い1＞では、相談者は何らかの支援が欲しいという意思を持って相談に来るわけですから、民生委員は問題の具体的内容と本人の希望などを的確に把握し、必要に応じて、早めに専門相談機関等につなぐことが大切です。

＜出会い2＞近所の住民や知人などから話を聞き、民生委員から相談者に接近する場合

（相談者）　　　民生委員　（近所・知人等）

これは、民生委員が日頃の活動を通して気づいたり住民から情報を得て「相談者」を訪ねたり働きかけをする場合です。ここで、わざわざ（相談者）とかっこをつけて書いたのは、本人からすれば、最初は「民生委員が来たので話をした」という認識はあっても、「民生委員に相談をしている」という認識はないからです。その点では、「相談者」というより「周囲の人が相談をして支援を受けたほうがよいと思っている人」と表現したほうが適切かもしれません。

　したがって＜出会い２＞では、民生委員は、まず本人や家族と信頼関係を築くことが大切です。なかには拒否されることもあるでしょうが、周囲の協力も得ながら根気よくかかわりを持つことが大切です。仮に拒否感が強く通常の意味での相談面接に至らない場合でも、その人の生活状況や問題をできるだけ正確に把握することに意味があります。

　その結果、問題が深刻な状況であれば、すぐに専門機関に連絡をして必要な対応を要請する必要があります。また、今のところ問題はない、ということであれば、ある程度の距離を置きながら周囲にも協力を得て継続的に見守りをしていくようにすればよいでしょう。

＜出会い３＞行政や相談機関等から情報提供を受けたり調査などを依頼されて民生委員から相談者に接近する場合

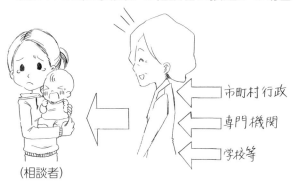

これは、民生委員が行政や相談機関などから情報を得たり依頼をされたりして相談者を訪ねる場合です。この場合、「民生委員が訪ねる」という情報が通常は事前に行政や相談機関から相談者に伝わっているはずですが、場合によっては「何気ないかかわりや見守りをしてほしい」ということで、あえて情報は伝えない場合もあります。

　したがって、＜出会い3＞では、事前に民生委員が訪ねることが相手に伝わっているか否かで対応が変わります。伝わっていれば、身近にいる理解者、協力者という感じで一定の距離を保ちながらかかわればよいでしょう。一方、伝わっていない場合には、相手に警戒されないように注意をしながら、「この地域一帯を回っているので」というような感じで、その人や家族だけを特別扱いしているような感じをなるべく出さないようにしながら、自然な感じで接触し、信頼関係を構築することが大切です。

　以上の「三つの出会い」について、子育て中の母親の事例を通して具体的に説明します。

【事例】
　Dさん（30歳女性）は生後6か月の赤ちゃんを育てています。最近子どものことでいらいらすることがたびたびあり、この前は手こそあげなかったものの、大きな声で怒鳴ってしまいました。「このままではよくない、何とかしなければ」と思っています。

　この事例で、Dさんから民生委員のところを訪ねて来たり、電話をしてくるのが＜出会い1＞です。

　＜出会い2＞は、例えばDさんのアパートの大家さんが民生委員と昔から知り合いで、「ちょっと気になるお母さんがいるんだけど、さりげなく声をかけてみて」あるいは「民生委員に相談するように話したところ、本人から民生委員を訪ねる気はないみたいだけど、訪ね

て来ることは構わないみたいだから、一度訪問してみて」と頼まれて訪問するような場合です。

　＜出会い３＞は、Ｄさんが大きな声を出したのをたまたま聞いた隣の住民が、虐待ではないか？　と児童相談所に連絡した結果、担当者が訪問して「児童虐待ではないが、Ｄさんに対する継続的な見守りが必要だ」と判断し、民生委員に見守りや話し相手となるよう依頼してくるような場合が該当します。このような場合、児童相談所はＤさんに対し民生委員に連絡することについてあらかじめ了解を取ったうえで依頼してきます。この事例でいえば、すでにＤさんには児童相談所という専門機関がかかわっているわけですから、民生委員としては、児童相談所から依頼された見守りや話し相手という役割を担えばよいことになりますし、何かあればすぐに児童相談所に連絡すればよいということです。

　民生委員と相談者の出会いの三つのパターンを説明しましたが、実際にはこれ以外にもさまざまな経過をたどって民生委員と相談者は出会います。民生委員としては「どういう経過や経路を経て相談者が今自分の目の前にいるのか」「すでに専門機関のかかわりがあるのか」といったことを常に意識しておくことが、相談面接の具体的目的や留意点を見失わないために大切です。

# 民生委員制度を知ってもらうことが相談面接につながる

住民に安心して相談に来てもらうために、民生委員が守秘義務を持っていることや、公的性格を持っていることなどを知ってもらう必要があると思います。そのためのよい方法があれば教えてください。

住民に気軽に安心して相談をしてもらうためには、①民生委員は法に基づく存在であり守秘義務などを持っていること、②この地区の民生委員は私です（具体的な民生委員の氏名）、という二つのことを知ってもらう必要があります。ここでは①を解説し、②は 8 で解説します。

### 住民に民生委員制度や役割などを知ってもらう必要

　民生委員制度や特性などを住民に知ってもらうことは簡単ではありませんし、またすべてを知ってもらう必要もありません。漠然とでもよいので、なるべく次のようなことを知ってもらうようにするとよいでしょう。

　以下であげることは、例えば住民向けパンフレットをつくるとしたら入れるとよい事項ですが、これらのことを住民に理解してもらうことは、安心して民生委員に相談してもらうための第一歩になります。

①どの地域にもその地域の住民のなかから推薦された人が民生委員としている（→地域の様子がわかっていて、かつ信用できる人がなっている）

②民生委員は法に基づく存在であり守秘義務が課されており、都道

府県知事の指揮監督や市町村長の指導を受けている（→相談の秘密が守られるし安心）

③民生委員は児童委員でもある（→生活保護や高齢者、障害者などのことだけでなく、児童についても相談してよい）

④民生委員は専門機関と連携して活動している（→専門機関に適切につないでもらうことが期待できる）

## 住民に民生委員制度や役割などを知ってもらう方法

この方法には、次のようなものがあります。イベントや街頭活動などは民生委員の日である5月12日を中心に行うとマスコミで取り上げてもらえる可能性が高まります。

①民生委員児童委員協議会（民児協）で「民生委員協議会だより」を定期的に発行し、地域で配布する。

②民生委員について説明したパンフレットやリーフレット等を作成し、駅前や商業施設、行事などで配る。

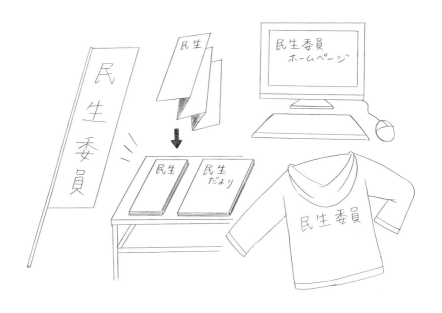

③地域の行事や展示会、役所などで写真パネルを展示して民生委員活動を広報する。その際には上記②のパンフレット等も配る。

④市町村長や議長（議員）、小学生等に「一日民生委員」になってもらって高齢者訪問等をしてもらい、それをマスコミで取り上げてもらう。

⑤民児協のホームページを作成する。

⑥民児協として地域の行事に参加し、ウインドブレーカー、ベスト、帽子などを統一したり、のぼり旗を立てるなどにより、民生委員の印象が残るようにする。

⑦民児協の名称ロゴ入りの宣伝グッズを作製して配る。

**専門職や地域の役員に理解してもらうことで住民の理解を拡げる**

　個々の住民に対する直接的な働きかけとともに、地域にある福祉関係の相談機関や福祉施設、住民生活にかかわる業務を行っている警察、消防署、学校、保健所、病院等の専門機関、さらに町内会や老人クラブ、商工会、婦人会、農協、PTA、子供会などの地域の諸団体の役員に民生委員制度を理解しておいてもらうことでも、何かの時に民生委員を紹介してもらえる可能性が高まります。これらの関係者が集まる場所（専門職の研修会や地域の団体の総会など）で説明をすることができれば、民生委員制度に対する理解を効率的に深めることができます。

　以上で取り上げたさまざまな取り組みをする場合、民生委員個人ではなく民児協として動いたほうが円滑に進むとともに、より効果的になると思われます。

# 8 多くの住民と知り合うことが相談面接につながる

気軽に相談してもらうためにも、地域の人たちに自分がこの地区の担当民生委員だということを知ってもらう必要があると思いますが、何かよい方法はありますか。

**Point** 民生委員のことを地域住民に知ってもらうためには、民生委員自身が地域をこまめに歩いたり行事などに参加をして顔を覚えてもらうことが必要です。その場合、所属する民児協や関係機関の協力を得ながら行うとスムーズに行うことができます。

**答え** 何か困ったことがあるときに遠慮なく地域住民に相談に来てもらうために、また、周囲に気になる人がいたときに早く連絡をもらうためにも、民生委員個人の氏名や連絡先をできるだけ多くの地域住民に知っておいてもらうことが大切です。このことは、民生委員活動に協力してくれる人を発掘することにもつながります。

具体的には次のような取り組みが考えられます。

**地域をこまめに歩く**

これは民生委員活動の一番基本となります。民生委員が地域住民のなかから選ばれる理由は、地域のことを知っているからです。しかし、地域で生活しているからといって、地域の現状が必ずしもわかっているとは限りません。

例えば、昔小学校のPTAの役員をやっていて様子がわかっているつもりでも、先生方は入れ替わり、行事の規模が縮小していたり内容

が変わっているかもしれません。また、新たな住宅が増える一方で、昔からの個人商店が廃業してデイサービスセンターになっていたりなど、地域は絶えず変化しています。

　地域を歩くことは、このような変化に気づくとともに、高齢者が散歩をしている、お母さんたちが公園で子どもを遊ばせながら話している、若者がたむろしている場所がある、庭の草が伸び放題でごみもちらかっている家があるなど、個人の家庭のなかに入らなくても、ある程度地域住民の様子を知ることができます。また、途中で声をかけることで知り合いになることができる場合もあります。

**地域の行事やイベントで顔を知ってもらう**

　地元では、学校行事をはじめ、敬老会、盆踊り、お祭り、地域の文化祭や運動会、公民館の発表会、福祉施設のイベントなどさまざまな行事があり、防災訓練や美化活動（一斉清掃）、交通安全運動、防犯や防火のキャンペーン等の地域活動もあります。民生委員はこれらの

行事や活動への招待や案内、あるいは参加協力依頼を受けることも多いでしょう。

これらの活動に参加すれば、その場で多くの人と知り合うチャンスがあります。これらの場には、地域住民のなかでも町内会や自治会の役員をはじめとするさまざまな役職を持っている人が多く参加しているので、いわば効率よく関係者と顔を合わせることができます。このような積み重ねで顔を覚えてもらえば、気になる地域住民に関する情報が入ってきたり、また、何かの時には協力をしてもらえる可能性も増えます。これまで地域の役員たちとの接点が比較的少ないなかで新たに民生委員になった人は、特にこのような取り組みを重視したほうがよいでしょう。

**地域の行事やイベントへの参加にあたって**

活動に参加する場合、可能であれば民生委員のバッジやネームプレートをつけたり、民児協として作成しているユニホーム（ポロシャツやウインドブレーカー、ベスト等）があれば着用し、印象に残るようにすることも大切です。

また、できるだけ一緒に汗を流す（活動する）ようにすれば、それだけ信頼感を高めることにもつながります。同じ目的に向かって活動し頑張った人に対して悪い印象を持つ人はいません。可能な範囲でなるべく参加するとよいでしょう。

# 民生委員は自分の内面を知っておく必要がある

対人援助にあたる人は自分自身の気持ちや心を知ることが必要だということを聞きますが、それはどうしてでしょうか。また、どのようにすれば自分のことを知ることができるのでしょうか。

**Point** 対人援助職は、自分独自の価値観や感情にとらわれていると冷静で客観的な対応ができなくなり、対応を誤るおそれがあることから、自分の内面をよく知ることが必要だといわれます。このことは民生委員も同じです。相談面接にあたる民生委員は、自分のことを客観的に理解し、価値観や感情の傾向を知り、そのことを自覚しながら相談面接にあたる必要があります。そのためには、自分自身を振り返る年表づくりや、問題のとらえ方をほかの人と比較できる事例検討会などが役立ちます。

### 相談面接を行う人はすべて「自己覚知」が必要

　相談面接の場面では、相談者はさまざまな感情を言葉や態度で民生委員に伝えて（時には「ぶつけて」）きます。そのとき、民生委員が冷静かつ適切に対応するために必要とされるのが、自分自身の心の中をよく知っておくことです。これを「自己覚知」（あるいは「自己理解」）といい、心の中のすべてが該当しますが、例えば次のような例があげられます。

・自分はどんな時に怒りがこみ上げるか、不快になるか、動揺するか

- 自分がこだわっている価値観とは何か
- どんな人に苦手意識を感じるか
- 家族のあり方はどうあるべきだと思っているか
- 介護のあり方はどうあるべきだと思っているか
- 子育てのあり方はどうあるべきだと思っているか

　これら以外にもさまざまな事柄がありますが、いずれにしても自分の考え方の傾向やこだわりなどがある程度わかり自覚していれば、相談者から不意に発せられた言葉や態度に対しても、感情的にならずに気持ちをコントロールして冷静に対応することができるはずです。

　もちろん、相談者と民生委員は別人なわけですから、価値観や考え方が異なるのは当たり前ですし、そのときに民生委員の価値観やこだわりを変える必要があると言っているわけではありません。大切なことは相手の真の姿を見るために、また、不用意な言葉を発して相談者との信頼関係を損ねないために自分をコントロールする必要があり、そのためには自分のことをよく理解しておく必要があるということです。

### 民生委員は特に「自己覚知」が必要

　専門相談機関の場合、面接を一人で行ったとしても、その報告を上司が聞いて必要なアドバイスや指導を行うでしょうし、どうしてもうまくいかない場合には、担当が変わるということもあります。

　しかし、民生委員の場合、相談者に対して自分のこだわりや価値観で偏った対応をして相談者が困惑すれば、二度と民生委員に相談することはなくなるでしょう。だからこそ、あらかじめ民生委員は自分のこだわりや価値観を知っておく必要があります。

### 自己覚知（自己理解）の方法
（1）自分の歴史、体験を振り返る

例えば年表のようにして「自分史」を書く方法です。今の自分は過去の積み重ねの結果と考え、これまでの人生の大きな出来事、住んでいた場所、家族環境、影響を受けた人、印象に残っている社会的な出来事などを時系列で書き出してみてください。自分の考え方がどういった人や出来事に影響を受けながら形成されたかを振り返ることができますし、その過程で自分自身の内面を掘り下げて理解できるでしょう。

（2）事例検討を通してほかの人との問題の見方、とらえ方の違いを知る

相談面接では、例えば、子育てや介護について誰がどこまで責任を持つべきか、といったことがたびたび取り上げられることがありま

す。それらの答えは一律にはありませんし、そもそも民生委員がその答えを示す必要もありません。

　しかし、もしそのような内容の相談面接を行ったときに、民生委員が子育てに関して「母親は子どもが小さいうちは外で働いたりせずに家で子育てに専念すべきだ」という強い信念を持っていたり、介護に関して「親を最期まで自宅で面倒みることは当然だ。施設に入れることは本当にどうしようもない場合だけで、本来すべきことではない」と強く思っていたらどうでしょうか。それらのことを相談面接の場面でストレートに口に出して言う場合もあるでしょうし、口に出して言わないまでも、相談者がそれと逆の言動をした場合に否定的な言葉を言ったり表情をすることは十分考えられます。民生委員が自分個人の生活に関してどのようなことを思ってもそれは自由ですが、民生委員として相談面接をする場合にはそのような言動は不適切です。

　こうした不適切な対応を防ぐための一つの方法が事例検討です。実在の事例でも架空の事例でもよいのですが、例えば、子育てや介護に関する事例を題材にしてほかの人と感想を出し合ったり意見交換をすれば、お互いの考え方の違いがわかります。この場合、どちらが正しいかといったことではなく、「人はそれぞれ着眼点や考え方に違いがある」ということとともに、具体的に「自分の考えはこういう点がほかの人とは違っている」ということを知ることが大切です。

　このように、ほかの人の見方や考え方を知り、自分自身の見方や考え方の特徴を知っていれば、それをうまくコントロールしながら対応ができるようになるでしょう。

# 10 民生委員らしさを活かした相談面接とは

> 今度はじめて民生委員になりました。私は今まで福祉の専門的な勉強は全くしたことがなく、相談や面接などの経験もありません。今後うまくできるか不安です。どうすればよいでしょうか。

**Point**
民生委員に期待されている役割として、その相談者が抱えている問題に応じて、本人に有益な情報を提供したり、各種の社会資源を活用できるように紹介したり専門相談機関等につなげることがあります。ただしそれは民生委員ができる範囲で行えばよいことで、そのための努力は必要ですが、絶対的な基準があるわけではありません。また、もう一つ民生委員には「相談者と一緒になって悩み考える」という重要な役割があります。

**答え**

### 職務にある「助言」の方法と範囲

2で紹介したように、民生委員は「援助を必要とする者がその有する能力に応じ自立した日常生活を営むことができるように生活に関する相談に応じ、助言その他の援助を行うこと」が職務として法定化されています。

ここでいう助言とは、民生委員が相談者に対して、「こうすればよい」「あなたはこうすべきだ」というような教えや教訓を言って、民生委員の考える方向に導いたり、指導することではありません。あくまでも問題解決の主体は相談者本人であり、その相談者の選択の素材として問題解決に役立つと思われる公的サービスなどをわかりやすく

紹介したり、専門相談機関などを適切に紹介することが助言の中身になります。この場合、専門相談機関であれば何らかの解決につながるまで責任を持ってかかわることになりますが、民生委員の場合は「可能な範囲で可能なところまで」かかわればよいと考えられます。

大切なことは、知ったかぶりをしたり、曖昧な知識や経験だけで判断せず、わからないことは躊躇せずにほかの民生委員や行政の担当者、関係専門機関等に聞き、誤った情報を相談者に提供しないようにすることです。また、そもそも難しい内容の場合には、早い段階で専門の相談機関につなぎ、対応をゆだねることも大切です。

**一緒に考え悩むことこそが民生委員らしい援助である**

上記の職務の部分には、「助言その他の援助を行うこと」とありますが、この助言以外の部分の「その他の援助」にはどのようなことが考えられるでしょうか。もちろん一般的な意味合いとして、相談者が現に困っていて必要としていることに民生委員自身が力を貸すことも援助の一つですが、民生委員らしい援助として「相談者の立場に立ち、相談者と一緒になって考え悩むこと」がある、ということを知っておいてください。

社会福祉の教科書には、「相談者とただ一緒になって考え、悩んでいるだけでは相談の専門職ではない」と書かれていますし、私も全く同感です。相談の専門職は、具体的な問題解決のために機能しなければ意味がありません。

しかし、民生委員は専門職と全く同じ機能が期待されているわけではありませんし、むしろ民生委員らしい、民生委員だからこそできる固有の援助というものを考えることが大切です。そして、この民生委員固有の援助が相談者と一緒になって考え悩むことにあります。

これまで民生委員から援助を受けた人から聞いた感謝の言葉のなか

に、「家族でも親族でもなく、またそれで食べている（給料をもらっている）わけでもない全くの他人（民生委員）が、損得抜きで自分のために真剣に考え悩んでくれた。そのような人が地域の身近なところにいると思うと、それだけでもう少し頑張る気になった」というような話がたびたびありました。このときの民生委員は、おそらく「お役に立てなくてごめんなさい」というようなことを言ったのではないかと思います。つまり、言葉で励ましたわけではありませんが、その相談者の立場に立った真摯な態度が、結果として相談者のやる気を引き出したのかもしれません。このような一緒に考えることが援助になることもあるということは民生委員として覚えておくべき大事な視点です。

**地域住民としての強みを活かし専門職とは異なる立場から援助する**

　民生委員は問題の解決に役立ちそうな地域にあるさまざまな社会資源を知っています。公的なサービスであれば専門職のほうがわかるでしょうが、例えば、近所にかつて同じような問題を抱えそれを克服した人がいる、世話好きでちょっとした頼み事であれば快く引き受けてくれる人がいる、といった情報は民生委員だからこそわかる情報でしょう。相談面接の過程で必要な社会資源を紹介する場合、地域の細かな情報を持っていることを活かした情報提供が民生委員には期待されます。

第2章

# コミュニケーションの基本

- *11* コミュニケーションは双方向の関係で成立する
- *12* 言葉の理解の共有には話し手の配慮や工夫が必要
- *13* コミュニケーションは言語、準言語、非言語の三つの手段で構成される
- *14* 言語的コミュニケーション（言葉の内容や使い方）のポイント
- *15* 準言語的コミュニケーション（話し方、語調）のポイント
- *16* 非言語的コミュニケーション（話しやすい条件づくり）のポイント
- *17* 非言語的コミュニケーション（聴いているサイン）のポイント
- *18* 話を聴いていることを話し手に確実に伝える方法
- *19* 相手と心の距離を近づける方法（ミラーリング）
- *20* 民生委員としてさまざまな人とコミュニケーションをとる

# 11 コミュニケーションは双方向の関係で成立する

そもそもコミュニケーションとはどんなことをいうのでしょうか。また、コミュニケーションが成立するためにはどんなことが必要でしょうか。

**Point**

コミュニケーションとは、一方的に情報を伝えたり、送りつけることではありません。本書では「情報の送り手と受け手の間の双方向の関係を基盤に、両者または片方に何らかの変化が生まれることを目的にして行われる行為」をコミュニケーションと定義します。やや難しくなりましたが、この定義に立ち、単に言葉がやりとりされているだけだったり、コミュニケーションに参画している人のなかに何の変化も生じない行為はここではコミュニケーションとはいいません。

**答え**
コミュニケーションとは英語のcommunicationをカタカナ表記したものです。その語源はラテン語のcomunis（「共有する」という意味）です。また、コミュニケーションと同じように最初がcomで始まる英単語には、community（地域社会）、committee（委員会）、combine（結合する）等がありますが、いずれも人がつながったり、一緒に何かをするという意味を持っています。

これらのことから、コミュニケーションは送り手と受け手の双方が主体的に参画して構成するものだということができます。つまり「コミュニケーションが成立する」ということは「双方向の関係があるこ

と」が大切な要件になります。

## コミュニケーションは一方向ではなく双方向の関係で成立する

　コミュニケーションの前にマスをつけるとマスコミュニケーション（mass communication）となります。いわゆるマスコミです。マスコミとは、大衆（mass）を対象に、新聞やテレビ、ラジオ、雑誌などの手段で大量の情報を流すことをいいますが、この場合は送り手と受け手は一方通行の関係です。受け手がどのように理解したり受け止めたかは送り手側にはわかりません（クレームや投書などで反応がわかることはありますが、それは例外であり両者の関係の本質ではありません）。したがって、新聞社と読者、あるいはテレビ局のアナウンサーと視聴者の間にコミュニケーションが成立しているとはいえません。

　また、身近な例でいえば、職場で上司が営業成績の悪い部下を一方的にしかり続けているとします。そこでは上司は聞く耳を持たず、言葉のやりとりはほとんどありません。「反論があるなら言ってみろ」と言いながら実際には聞く姿勢はありません。上司が最後に「わかったか」と言えば、部下は「わかりました」と言うでしょう。このよう

な場合もコミュニケーションが成立しているとはいえません。子どもがテレビゲームをしているわきで親が子どもに小言を言っていることがありますが、これなども、子どもにすれば聞き流しているわけであり、双方向の関係とはいえません。

**民生委員は無意識に一方向の関係をつくってしまう危険性がある**

実は、一歩間違うと民生委員も上記のような上司と部下の関係に似たような状況をつくってしまう危険性があります。つまり双方向のやりとりをしているつもりでいながら、実際には一方的に情報提供をし、かつ、本人の意見やその家族等の話をきちんと聞かないで対応策を決めようとする可能性があるということです。

例えば、在宅で介護している人が「介護に疲れた、これからどうなるんだろう」と不安を語った場合に、「その解決策は施設入所しかない」と思いこんでいる民生委員が、家族が持っている不安の中身やそう語る背景などを理解しようとせずに施設入所を本人や家族のためだからということで、当事者の意向をほとんど確認することなく一方的に関係機関に連絡をして手続きを推し進めてしまう場合です。

これらのことを民生委員は悪意で行っているわけではなく、また、このように文章で読むと「そんなことするわけない」と思われるかもしれません。しかし、ここまで単純かつ明白でなくても、「このような場合はこのような解決策しかない」と思いこんでいると、これに近い状況を引き起こす危険性があります。常に「一方向の関係になっていないか」ということに気をつけることが大切です。

# 言葉の理解の共有には話し手の配慮や工夫が必要

> コミュニケーションでは、話し手と聞き手の双方向の関係が重要だということはわかりますが、そのために話す時に工夫することなどがあれば教えてください。

双方向の関係の成立には、話し手と聞き手の言葉の理解の共有が必要です。つまり、話し手が使った「A」という言葉に話し手が込めている意味をaとすると、「A」という言葉を聞いた側がその内容がaだと理解できなければ、双方向の関係にはならないということです。

もちろん、人は一人ひとり知識も経験も思考も違うわけですから、話し手と聞き手が全く同じように言葉を理解することはありえません。ここでいう理解の共有とは、重要な点、肝心な点や方向性が伝わっていることと考えればよいでしょう。理解を共有するためには、特に話し手の側が聞き手との違いを意識し、それを埋めることを意識しながら話すことが大切です。

**完全にはわかり合えなくても、わかり合おうとする姿勢が大切**

　私たちは、「そんなつもりで言ったわけではないのに」「なぜそのような意味でこの言葉が受け止められたのか全く理解できない」といった経験をすることがあります。その原因は、言葉のやりとりはあったものの、双方向の関係の構築に不可欠な言葉の意味の共有ができていなかったことです。

　人間は一人ひとり異なる存在であり、何十年も一緒にいる仲が良い

夫婦や親子であっても、完全にわかり合えることはないでしょう。そのとおりなのですが、一方でコミュニケーションにおいて大切なことは、絶えずわかり合おうと努力する姿勢を持ち続けることです。

コミュニケーション能力は持って生まれたものではありません。心がけや練習によって能力を高めることが可能です。

その前提に立ち、ここでは言葉に関して誤解や思い違いなどが起こる原因を考えたうえで、意味を共有するために話し手が心がけるべきこと、工夫すべきことを考えます。

## 話し手と聞き手が言葉に対する理解を共有できない理由と対応策

（１）話し手と聞き手の「差異」に起因する理解のギャップと対応
①聞き手の理解力や経験を踏まえて話す

話し手が聞き手の知らない言葉を使えば、当たり前ですが聞き手には内容がわかりません。そのような事態を防ぐためには、話し手は聞き手のこと、特に言葉に対する理解力や経験などに十分配慮しながらわかりやすい言葉で話すことが大切です。

聞き手が子どもであったり知的障害者などであれば、相手の理解力に応じて言葉を言い換えたり、身振り手振り、ときには絵なども使って聞き手が理解できるように配慮する必要があります。

また、このような問題は、聞き手の知的レベルに関係なく起こることにも注意が必要です。例えば、話し手が福祉施設の関係者で、福祉施設や介護の現場などで日常的に使っている専門用語を使った場合、おそらく外部の人（聞き手）には理解できないでしょう。福祉や介護にかかわる問題は、実際に当事者にならないとさまざまな言葉に触れることがないので、多くの人にとって知らない言葉がたくさんあるので、その点での配慮が必要です。

以上の問題を民生委員のコミュニケーションに絡めて取り上げれ

ば、次の二つの教訓を得ることができます。一つは民生委員が地域住民と話すときには、難しい言葉、難解な専門用語等を使わないということです。もう一つは、民生委員が施設見学などをした時に、先方の説明者が専門用語等難しい言葉を使った場合、「わからなくて当たり前」という気持ちで、積極的に質問する姿勢を持ち、間違った知識を覚えないようにすることが大切だということです。

②間違った理解のままにならないように確認する

　話の途中で、話し手が「今話したことがわかりましたか？」と聞いても、聞き手は自分の理解は正しいと思っているわけですから「理解してますよ」などと答えるでしょう。もし少しでも間違って理解している可能性が感じられる場合には、具体的な内容を聞くなどして、確認するとよいでしょう。

（２）話し手に起因する理解のギャップと対応

①滑舌や発音の明瞭性を意識する

　これは説明するまでもありませんが、言葉が聞き取りにくかったり、声が小さかったりすれば当然違った言葉として伝わる危険性があります。話し手は顔を相手に向け、口をきちんと開けて早口にならないように意識しながら話すようにし、相手が首をかしげたり

わからないようなそぶりをした場合には、もう一度言い直すなどの配慮が必要です。

②話し手は指示代名詞をできるだけ使わない

　話し手が、「そのこと」「さっきの話」「この前のこと」といった指示代名詞を多用すると、聞き手はその言葉がどこのことを指しているのか、何のことを言っているのかがわからなくなってしまったり、違うことを指していると思ってしまう危険性があります。

　目の前や近くにある実物を指さして「これは」「あれは」という場合に間違える余地はないので、指示代名詞を使ってもよいわけですが、それ以外の場合は、間違える可能性をできるだけ低くするため、「さっき話していた○○さんが△△したという話だけど」とか、「2日前に電話をもらった時に話していた□□さんが訪ねてきて◇◇した話だけど」というように、内容を具体的に限定して話すことが大切です。

（3）環境や条件によってギャップが起こる可能性

　例えば、電車の中や車が多く通る道路のそばなどで話をすると、大きな声で話しても相手の言葉が聞き取りにくいことがあります。逆に静かな場所でも、周囲に人が居て聞かれたくなければ小さな声で話すことになり、それもまた相手の話は聞き取りにくいでしょう。このように、コミュニケーションは、必ずしもコミュニケーションに適した条件が揃っている場合にだけ行われるわけではありません。その点も意識しながら、言葉が正確に伝わるように言葉を繰り返したり、メモで文字にするなどの工夫が必要です。

## 13 コミュニケーションは言語、準言語、非言語の三つの手段で構成される

コミュニケーション力を高めたいと思いますが、コミュニケーションの手段は言葉だけではないという話を聞きました。言葉以外にコミュニケーションの手段があるのでしょうか。

**Point** コミュニケーションは、言語的コミュニケーション、準言語的コミュニケーション、非言語的コミュニケーションの三つの手段によって構成されています。一部に、「コミュニケーションにおいて言葉（言語的コミュニケーション）はあまり重要ではなく、圧倒的にしぐさや表情（非言語的コミュニケーション）のほうが大切だ」という意見がありますが、以下に示すようにそれは間違いです。この三つはいずれも大切であり、話し相手の属性や両者の関係によって相対的に重要性が変わります。

**答え** 受け手が何によって発信者のメッセージを理解するか

コミュニケーション力を高めようとする場合、そもそもコミュニケーションがどんな手段によって成り立っているかを知ることが大切です。

コミュニケーション手段の構成を考えるという意味は、「発信者の発するどのような条件に影響されて、受け手は気持ちを受け止めたり理解をしたりするのか（またはしないのか）」、つまり「発信者の伝えたいことがどれだけ伝わるかに影響を与えるもの（こと、様子等）は何か」を考えることになります。

## コミュニケーションは三つの手段で構成される

　受け手の理解や受け止め方に影響を与えるコミュニケーションの手段には、言語的コミュニケーション、準言語的コミュニケーション、非言語的コミュニケーションの三つがあります。

　これはよく言われていることなので皆さんもどこかで耳にしていると思いますが、「コミュニケーションは、話の内容だけでなく、しゃべり方や語調、また、身振りや手振りなどにも影響される」ということです。

## 三つのコミュニケーション手段はどれも重要

　この三つのコミュニケーション手段の重要性の比重に関し、1970年代にアメリカのアルバート・メラビアンという心理学者が行った実験結果がよく引き合いに出されます。この実験は、例えば「顔がにこやかなままで叱る言葉を発したら、相手は本当に叱られたと思うか？」「とても明るく晴れやかな口調で悲しいことを言ったら相手は悲しいと受け止めるか？」といった矛盾することをした時に、相手は言語情報、視覚情報、聴覚情報のどれを重視するかを簡単な方法で行った調査です。

　この結果を安易に引用して、「身振り手振りがあればほとんどが通じ合える」「話す内容や使う言葉は二の次で、まずは見た目や印象が勝負だ」という片寄った説明を聞くことがありますが、そのような解釈は間違っています。この実験は、判断に影響を与える三者の割合を示し、それまではあまり重視されていなかった言葉以外の視覚情報や聴覚情報も重要だということが明示されたことに意味があります。

　大切なことは、コミュニケーションは言語情報（Verbal）、視覚情報（Visual）、聴覚情報（Vocal）の「三つのV」で成り立っており、それらが関係し合って相手に伝わるということです。

# 14 言語的コミュニケーション（言葉の内容や使い方）のポイント

> コミュニケーションにおいて言葉が重要だということはわかりますが、どんなことに気をつける必要がありますか。

情報の送り手(話している側)と受け手(聞いている側)は、それぞれの人生を歩んでおり、年齢、経験、知識、価値観等が異なります。そのため、送り手の発した単語が受け手に通じない、あるいは違った解釈をされる可能性があります。送り手は、受け手が的確に理解できるように配慮しながら言葉を使う必要があります。
また、受け手がやる気になる言葉、受け手との距離を縮める言葉、受け手からの信頼を高める言葉などをうまく使えるようになるとよいでしょう。

受け手が的確に理解できるように受け手の理解度に合わせて話す

　小学校の先生は、「そもそも何も知らない子どもに教えること」を目的に授業の準備をし話を組み立てますが、大人同士であれば、そのように考えて話をする人はいないでしょう。

　しかし、考えてみれば、話し手と聞き手は、現在の暮らし向き、家族の構成や人間関係、育った環境、学歴、職業歴、知識の量、社会経験、興味や価値観等が異なります。特に、社会的な出来事や公的制度などは、もともとの関心や関係（これまで周囲で利用者がいた、知り合いが働いているなど）の有無で、理解の程度が大きく異なります。

このことを、介護保険制度を例にあげて説明しましょう。

　民生委員であれば、詳細はともかくとしても、「介護が必要になれば介護保険制度が利用できるはずだ。費用は、日頃から保険料を払っているんだから一部を払えばよいのだろう」という程度のことは皆さん知っているでしょう。ところが、高齢者のなかには、介護保険制度を知らなかったり、名前は知っていても、「自分は加入申し込みをしていないから利用できない」と思っている人（保険料を年金からの天引きで払っているため、自分が加入していることを認識していない人）もいます。もちろん、介護保険は強制加入の制度ですから申し込んで加入するのではなく、この認識は間違っているのですが、そのように思っている人が実際にいます。

また、利用したときの負担割合が、原則1割（高所得者は2割または3割）だということを知らずに、全額を利用者が負担すると思っている人もいます。この場合、話し手は1月あたり数千円の負担額を頭の中で想定しながら「それほど負担しなくても利用できますからデイサービスを使われてはいかがですか？」と言っているのに対し、聞き手は数万円を想定して、お金のことで利用をためらっていると思われるのはプライドが許さないので、そのことには触れずに「家族で何とかなるので大丈夫です」と言うかもしれません。

　このような場合、どこかのタイミングで実際に使っている例をあげ、「週にデイサービスを2回使うと、自己負担はだいたい○○○円くらいらしいですよ」というように、具体的な金額を示すと間違いは生じません。もちろん、その場合は金額が8000円だとしてそれを「安い」とみるか「高い」とみるかは人それぞれになるでしょう。

### 相手との距離を縮めたり信頼関係を高めたりする言葉を使う

　例えば、相手が使った言葉と同じ言葉を使うことで心理的距離を縮める、適切に敬語や丁寧語を使うことで相手を尊重している姿勢を示す、適切な質問を返すことで相手に問題を整理してもらうなど、言葉の使い方を工夫することで相談面接を有効に進めることができます。これらについては第3章の各項で詳細に説明します。

# 15 準言語的コミュニケーション（話し方、語調）のポイント

同じ言葉を使って話しても、伝わり方や相手の理解度に違いが出るのはどうしてでしょうか。伝わりやすい話し方というのはどういう話し方でしょうか。

同じ言葉を使って話をしても、話し方や語調などによって相手の理解度が変わります。周囲の人の話し方を参考にしたり、自分の話し方に感想をもらったりしながら、わかりやすい話し方とはどんな話し方なのかを日頃から気にかけておくとよいでしょう。民児協で研修を設定して、お互いに感想を出し合うことも有効な方法です。

**答え** 同じ言葉を使って話していても、聞き手の理解度、記憶の残り方に違いが生じます。その理由の一つは、口調や語調などの違いですが、これらは言葉を中核にしてそれに付随しているものであることから準言語的コミュニケーションといいます。

準言語的コミュニケーションは次の内容で構成されています。

**話すスピード**

　早口で話されると理解しにくいことは明白です。早口は、そもそも言葉自体が聞き取りにくくなることもありますが、福祉に関する相談のように専門用語が出てくる場合に、聞き手がその意味を頭の中で考えて整理したり、わからなければ聞き返す、といった余裕がなくなってしまいます。ゆっくり話すことを絶えず心がけるとともに、話の途中で間をとることも大切です。特に相談者がまくし立てるような話し

方をする場合は、民生委員は意識的にゆっくり話し、考えを整理しながら会話が進むようにするとよいでしょう。

　また、言語的コミュニケーションを取り入れて「今の話（言葉）はわかりましたか？」と聞くことも大切です。これは、早口や滑舌の悪さが原因で言葉自体がそもそも正しく伝わっていない可能性、言葉は伝わっているが内容が理解されていない可能性、の二つをカバーするための質問です。

### 声の大きさと強弱

　これは俳優や講演のプロなどはかなり意識的に行いますが、民生委員がそのような演出的なことまで意識する必要はないでしょう。

　一般的にいえば、やや大きめの声で話すことが相手に伝わりやすいと思われますが、条件や内容によって使い分けることが大切です。例えば、やむを得ず他人に聞こえる可能性がある場所で相談面接に応じるようなときは小さな声で話す必要がありますし、一方で、相談者が耳の遠い高齢者であれば、大きな声で話す必要があります。

　また、話題が悲しいことやつらいことに変わったのに民生委員が大

・スピード
・大きさ
・強弱
・高低

きな声で話し続けると、相談者は民生委員と感情が共有されていないと思うでしょう。

　いずれにしても、声の大きさに強弱がない平板で一本調子の話し方は機械的に感じられ、印象に残りにくくなります。「周囲の環境」「本人の状況」「話題の内容」の観点から、その場にふさわしい声の大きさや強弱をつけるとよいでしょう。

### 声の高低

　民生委員が甲高い声やうわずった声で対応していると、相談者は不安に感じるでしょう。無理に低い声を出す必要はありませんし、もともと持っている声の高低を簡単に変えることはできませんが、先を急いで焦ったり、急いだりすると声がうわずってしまうような人は、そうならないように心がけることが大切です。

### 間のとり方

　話し続けている途中で間をとることも大切です。「〇〇という制度があるんですが、この制度は△△を対象にして」と一気に話し続けるのではなく、「〇〇という制度があるんですが、…（間を空けて）…この制度は△△を対象にして」というように、意識的に次の言葉までの間隔を空けることで、聞き手（相談者）が今聴いた内容を整理する時間をつくるという効果があります。

### 滑舌や明瞭性

　説明は不要でしょうが、口を開かずに、いわゆる「もごもご」と話すと非常に聞き取りにくくなります。できるだけ、口を開け、下を向かずに顔を相手のほうに向けて話すようにしましょう。

## 「わかりやすい話し方をするためのチェックリスト」を活用する

　民児協の会合や研修などで、このチェックリストを活用して、民生委員がお互いに話し方の特徴を確認し合うとよいでしょう。特に、どんなところが聞きにくかったといった点を率直に指摘してもらえれば、その点に留意しながら話すことでわかりやすい話し方につながります。

|  | 自分の話し方の特徴 | 気をつけること |
|---|---|---|
| スピード |  |  |
| 声の大きさ・強弱 |  |  |
| 声の高低 |  |  |
| 間のとり方 |  |  |
| 滑舌・明瞭性 |  |  |

# 16 非言語的コミュニケーション（話しやすい条件づくり）のポイント

非言語的コミュニケーションが重要だということはわかりますが、環境や条件等ではどのような点が重要ですか。

言葉や話し方以外に、民生委員と相談者の座る位置関係や距離など、さまざまな条件にコミュニケーションの成否（伝わり方）は影響を受けます。どのような条件に影響を受けるかを十分理解したうえで、望ましい環境や条件を整えるとよいでしょう。なお、わかりやすくするため、相談者と民生委員という関係で説明します。

非言語的コミュニケーションは、①相談者と民生委員の相対的な位置関係のなかで形成されるもの、②相談者または民生委員が発する身体的サインの二つがあります。本項では①を、次の17で②を取り上げます。

### 目線の高さを合わせる

目上の人、目下の人という言葉があるように、目の高さは両者の関係に大きく影響します。例えば、皆さんがいすに座り、相手が正面で立ったままで見下ろすという形で話をした時、おそらく皆さんは威圧感、圧迫感を感じるでしょう。もし皆さんが保育園児に立ったまま話したら、皆さんは園児を見下ろし続けることになります。

コミュニケーションにおける目線の高さは、相手（相談者）の高さに合わせることが基本です。例えば、相手が車いすの利用者であればしゃがんで話し、子どもの場合も同様です。病院のベッドのそばであ

れば、通常はいすが用意されているでしょうから、いすに座って話します。和室で布団で寝ている場合は、畳に座って話します。

**座り方は正面で向き合うよりも斜め前でずれていたほうがよい**

　一般には、二人が正面から対峙するような位置関係ではなく、相手の位置が斜め前となる90度あるいはカタカナの「ハ」の字のような位置関係で座るとよいといわれています。車いすの利用者と話す場合も同様ですが、真正面だと視線が気になり緊張感が高まりますが、斜め前だとあまり視線を気にすることなく緊張せずに話すことができます。

　テーブルや机の向こうとこちらに座るような場合には、正面ではな

く対角線上に座る方法もあります。

　また、相談者と並んで座る並行法もあります。これは、例えば公園のベンチで並んで座って話す、大きなテーブルの同じ側に並んで座ってお茶を飲んだり手作業をしながら話すなどの場面が想定されます。同じ方向を向いて同じ景色を見ているので親近感を高めやすくなります。

### 二人の距離は近からず遠からず

　座って話すにしても立ち話をするにしても、距離は何センチだと最も話しやすい、といった標準はありません。経験のなかから距離を見つけ出していくことになりますが、一般に警戒心の強い人は距離をなるべく遠くにしたがります。

### 服装や身だしなみを整える

　常識的な話ですが、相談に対応する民生委員が、何日も洗濯していない汚れた服を着ていたら相談者はどのように感じるでしょうか。無精ひげが伸びている、髪の毛がぼさぼさ、いずれも同じことです。別に高級な洋服を着たり、派手な格好をする必要はありません。きちんとした格好をすることが大切です。

### リラックスして話に集中しやすい環境をつくる

　この項目で述べてきたことは、いずれも相談者がなるべく緊張せずに余計なことにとらわれることなく本来の相談に集中できるように、という配慮を実現する方法です。これらに加えて自分なりの工夫もしてみるとよいでしょう。

# 17 非言語的コミュニケーション(聴いているサイン)のポイント

非言語的コミュニケーションが重要だということはわかりますが、動作や態度などでは具体的にどのような点が重要ですか。

顔の表情、視線、動作、手の位置、足の位置など、相手の受け止め方に何らかの影響を及ぼす発信者側が行う動作などのことを非言語的コミュニケーションといいます。この動作は、仮に発信者が無意識に行った場合でも相手には何らかのメッセージとして受け止められる場合があります。そのため、どのような動作がどのような印象を与えるかを知っておく必要があります。逆にいえば、これらをうまく使うことができれば、コミュニケーション力アップにつながります。

### 顔の表情

相手がどんな表情をしていると話しやすいかを考えてみましょう。思い詰めたような顔、いわゆるしかめっ面をしている人と向き合ったとき、話しやすいと思う人はいないでしょう。一般的にいえば、にこやかな感じ、自然な笑顔が理想でしょう。ただし、笑顔を間違えると「つくり笑い」になったり、「へらへらしている」と思われてしまいます。鏡を見たり、家族や友人に見てもらい、できるだけ自然ににこやかな表情をつくれるようにするとよいでしょう。

### 視線

相談者のほうに顔を向けないことは論外ですが、顔を向けていても

視線が違うほうを向いていれば聴く姿勢として適切ではありません。聴く姿勢には相談者を見ることも含まれるからです。基本的には相手の目を見るようにすればよいでしょうが、目をまっすぐ直視し続ければ、相談者は目のやり場に困るでしょうし、圧迫感を感じます。その点を踏まえて、時々視線を外しほかを見る、目を点で見るのではなくその周辺を見る、というように相談者に緊張感や圧迫感を与えない視線を工夫するとよいでしょう。

**動作**

相談面接の場面では、無意識のうちに、あくびをする、遠くをぼんやり眺める、体を揺らす、時計を見る、携帯電話に出るなどの行動をするかもしれません。これらの動作はなるべく避けるべきですが、例えば、次に大事な約束がある場合や携帯電話に緊急の連絡が入る可能性がある場合もあるでしょう。そのような場合、そのことをあらかじめ相談者に話しておけば、時計を見たり携帯電話に出る行動は問題ないでしょう。

### 手の位置や動作

　私たちが何か考えごとをするときに腕組みするのは、自分の意識を内側に集中させたいからです。つまり、腕を組むことは閉じている状態をつくっていることであり、相談者からみると相談しにくい状態になるわけです。腕は組まず、開いた状態にしておく必要があります。

### 足の位置や動作

　足も手と同様の意味があります。足を組んでいる状態は聴く姿勢としては不適切です。やや開き気味の状態がよいでしょう。

### 姿勢や動作

　いすに座っている場合、いわゆる「ふんぞり返っている状態」に見える姿勢は最悪です。相手に関心を持っていることを示す姿勢に見えるのは、やや前に体を傾けている姿勢です。特に、話し手が体を前に傾けたタイミングに合わせて聞き手も体を前に傾けると、話し手はより話しやすくなります。

# 18 話を聴いていることを話し手に確実に伝える方法

いつもしっかりと相手の話を聴いているつもりですが、相手からは「ちゃんと話を聴いてるの？」と言われることがあります。相手に対し「しっかりと話を聴いていますよ」ということが伝わる技法があれば教えてください。

**Point** 適切なタイミングで、うなずいたり、相づちをうったり、問いかけたり、質問などをすれば、話し手からは「この人は私の話をしっかり聴いてくれているな」「話しやすい人だな」と思ってもらえます。これは日頃から意識したり練習をすれば身につきます。

**答え**

### うなずき

　うなずくことは、話し手に対し、同意したり納得しているというメッセージを伝える最もシンプルかつ確実な動作です。話し相手がうなずいたことで、話しやすくなることはあっても、話しにくくなる人はいません。ただし、うなずきだけで相づちなどの声を伴わない場合は、相手に見てもらえず効果がありません。話し手がずっと下を向いているような場合は、次の相づちとともにうなずくとよいでしょう。

### 相づち

　「ほう」「へえ」「そう」「うん」「うんうん」「はい」「なるほど」「そうなの」等の相づちは、うなずきと同じく、確実に話し手に対して「聴いています」というメッセージが届きます。タイミングのよい相づち

は、話し手をより話しやすくするでしょう。

　ただし、あまり頻繁に相づちをうつと話しにくくなりますし、わざとらしくなります。話し手のペースを乱さないようにタイミングを見計らってする必要があります。また、「うんうん」はよいでしょうが、「はい」を2回続ける「はいはい」は、言い方によっては否定された感じになるので使わないほうがよいでしょう。

### 問いかけ

　「それで？」「それから？」「次は？」「結局は？」「それだけ？」「そうしたら？」というように、質問とまではいきませんが、話し手がさらに話を続けるきっかけを提供するような聞き手側から発する言葉を、ここでは「問いかけ」として分類しました。

　適切な問いかけがあれば、話し手はいわば堂々と話すことができますし、聞き手に対しては「自分の話をしっかりと興味を持って聴いてくれているな」と好印象を持つでしょう。

## 質問

　話し手が話している内容を聴くだけでなく、その内容をしっかりと理解していなければ普通は質問ができません。したがって、内容に関して質問をするということは、話を聴いているということだけでなく、その内容を理解している（または理解しようとしている）というメッセージを話し手に伝える重要な技法になります。

　質問の内容では、「多分、話し手はこのあたりのことをもっと話したいんだろうな」ということを予想して、そのポイントを中心に質問をするとよいでしょう。そして、それが当たっていると、話し手にとっては最もうれしい質問ということになります。

# 19 相手と心の距離を近づける方法（ミラーリング）

> 話し相手と心の距離を近づける方法があれば教えてください。

**Point** コミュニケーションの場面で相手との距離を近づける方法としてミラーリングがあります。ミラーリングとは、相手の動作や表情や言い回しを見ていて、こちらもそれらと同じように動くことをいいます。ミラーリングの効果は実験でも証明されていますが、わざとらしくならないように自然に行うことが大切です。

**答え** ミラーリングは言語的コミュニケーション、準言語的コミュニケーション、非言語的コミュニケーションのどの場面でも使えます。ただし、ミラーリングという方法を知っている相手にはこちらのねらいがわかってしまい、あまり効果は期待できません。

**言語的コミュニケーションにおけるミラーリング**

これは簡単に言えば「オウム返し」、つまり相手の言った言葉をこちらもそのまま使うということです。もちろん、「一言一句すべて同じ」ということではありません。例えば、「○○のことを考えるとどうしていいかわからなくなっちゃって」と相手が言った場合に、こちらも「○○のことを考えるとどうしていいかわからなくなっちゃうんですね」というように返すことです。

この場合に大切なことは、相手が特にわかってほしい、受け止めてほしいと思って発する言葉をきちんと受け止めて、その言葉を使って

返すということです。最初から最後まで、いちいち同じ言葉を返す必要はありませんし、そのようなことはむしろ逆効果です。

## 準言語的コミュニケーションにおけるミラーリング

本章の15では、望ましい準言語的コミュニケーションについて述べましたが、相手によっては、ミラーリングの手法を使ったほうが効果的な場合があります。つまり、早口でまくし立てるように話す相手にはこちらも同じように早口でまくし立てるように話し、大きな声で話す相手にはこちらも大きな声で話す、ということです。そうすると波長が合い、心の距離が近づく可能性があります。

ただし、意見が異なる場面で大声でやりとりすればだんだん感情的になってしまうかもしれません。また、感情的にならないように、あるいは周囲の状況を考慮して、あえて小さな声で話す場合もあるでしょう。それらも考慮したうえで、プラス効果が期待できる場合にミラーリングを使うとよいでしょう。

## 非言語的コミュニケーションにおけるミラーリング

相手の動作や表情をまねることです。相手がコップの水を飲んだら自分も飲む、窓の外を見たら自分も見るということです。言葉どおり、鏡に映っているかのように相手と同じ動作をすることです。

# 20 民生委員としてさまざまな人とコミュニケーションをとる

民生委員としてコミュニケーションをとる相手にはさまざまな人がいると思います。なかには話ができない人や理解力が乏しい人もいると思うのですが、民生委員としてどのようにコミュニケーションをとればよいのでしょうか。

コミュニケーションで大切なことは、言葉のやりとりの有無そのものではなく、「心を通わせ合うこと」や「何らかの意味を共有すること」です。そう考えると、「相手の気持ちをできるだけ理解しよう」「伝えたいことを相手にわかる方法で何とか伝えよう」、そう思い努力をすれば、本質的な部分ではコミュニケーションはとれていると考えてよいと思います。

民生委員は活動を通して地域のなかのさまざまな人と出会いますが、そのなかには、障害などによって通常の方法ではコミュニケーションが困難な人もいます。

### 聴覚に障害がある人を例にして

例えば、コミュニケーションの相手が聴覚に重度の障害がある場合、話しかけても通じないことがあります。その時、相手が手話を使え、こちらも手話が使えれば情報のやりとりは確かに早く進みます。

では、手話が使えなければコミュニケーションが絶対不可能かというと、そんなことはありません。例えば文字や図を紙に書く方法や身振り手振りでも、ある程度意思を通じ合わせることはできます。また、こちらが正面に立って口元を見せながら話をすれば、ある程度理

解してもらえる場合もあります。

　大切なことは、相手を理解しようと表情や動きに集中する姿勢を持つことや、相手に気持ちを伝えようと努力する姿勢だと思います。

**民生委員に求められるコミュニケーションの姿勢**

　ここでは聴覚障害者を例にしましたが、このようにコミュニケーションの本質である「相手と心を通わせ合う」という意識を持っていれば、その場その時に可能な限りでの工夫が生まれます。もちろん、緊急な場合や複雑な内容を伝える場合には、意思疎通しようとする気持ちを持っているだけでは不十分かもしれませんが、そもそもそのような役割は民生委員ではなく通常は専門職の仕事です。

　民生委員としては、誰とコミュニケーションをとる場合でも、何よりも偏見や先入観を持たずに接し、相手のことを尊重し理解をし、心を通わせ合おうとする姿勢を持つことが大切です。そのうえで、可能であればそれぞれの障害の特性に応じたコミュニケーションの方法や補助的な用具の使い方などを学習できればなおよいでしょう。

# 第3章

# 相談面接に必要な知識と技法

*21* 相談面接は問題の解決という目的を持って行う会話である
*22* 相談面接は段階や焦点を当てる部分によって種類が分かれる
*23* 相談面接から問題解決に至る一連のプロセス
*24* 相談者は不安を持ち警戒をしながら相談をしている
*25* 相談面接で最も大切なことは傾聴すること
*26* 相談者は話を受け止められると話しやすい(受容の必要性)
*27* 相談者を一人の人として尊重する
*28* 開かれた質問と閉じられた質問を使い分ける
*29* 相談がなかなか前に進まない場合に先に進める方法
*30* 必要に応じて社会資源を紹介する

## 21 相談面接は問題の解決という目的を持って行う会話である

通常の会話と相談面接とはどこが違うのでしょうか。民生委員として、通常の会話とは違うどんな点を意識する必要がありますか。

**Point** 民生委員と相談者の間で会話があっても、それだけでは相談面接とはいいません。相談面接は「問題解決という目的に沿った会話」だからです。民生委員は、その目的を意識しながら会話をする必要があります。

相談面接は解決すべき何らかの問題があることによって行われます。そのために、相談面接にあたる民生委員は、「この会話は何のために役立つか」「この会話によって課題解決にどのように近づけるか」といったことを頭の中に置きながら会話をする必要があります。

### 問題解決と直接つながらないような会話にも意義がある

だからといって、世間話や趣味の話のように、問題解決と直接つながらないと思われるような話をすることに意味がないわけではありません。むしろ緊張をほぐしたり、相談者と民生委員の距離を近づけるうえでの効果が期待できます。特に相談面接の初期段階では、いきなり本題に入るのではなく、そのような緊張をほぐす会話を意識的に取り入れるとよいでしょう。

また、民生委員の場合は、例えば一人暮らしの高齢者が、困っていることはないけれど、ただ話し相手がほしくて話しにやって来ること

があるでしょう。そのときに民生委員が話し相手になり、それによって寂しさが紛れて生活に張りが出たとすれば、「話し相手がほしい」という困りごとに対し「話し相手になる」という方法で具体的に問題解決（援助）したわけですから、民生委員活動としては意味のある重要な活動です。

**相談面接において民生委員に求められる意識**

　前述のように確かに会話そのものが意味を持つこともありますが、やはり相談面接である以上、本質的なところで会話とは違いがあります。何時間わきあいあいと話したとしても、相談者が抱えている「解決したい問題」や「気になっていること」に関連する話が何も出て来なければ、相談面接としての意味はありません。

そこで、通常の会話では特に必要とはされませんが、相談面接の際には必要とされる民生委員が持つべき心構えや留意すべき事項について次のとおり整理しました。

**相談面接に必要な基本的心構えや留意事項**

①相談者と民生委員の間の信頼関係を形成し、高めるようにしなければならない。

②「基本的人権の尊重」「個人の尊厳」「本人の主体性の尊重」といった福祉の普遍的価値が根底になければならない。

③問題およびその解決につながる情報を集めなければならない。具体的には、問題の内容とその原因や背景、相談者の生活歴や現在の家族関係、生活の様子、希望する解決方法や対応策、今活用している社会資源などである。

④相談者はこれらの情報を自分から理路整然と説明できるとは限らないので、さまざまな工夫をし、時間をかけた会話のなかから情報を入手するようにする。ただし、最初から他機関に紹介する可能性が高い場合には、最低限の情報を入手すればよい。

⑤相談者の問題解決に対する意欲を高め、自ら主体的に動くように働きかけ、支援する。

⑥相談者と民生委員は生活の基盤や文化的背景が異なり、言葉に対する理解が異なることがある。

次の22以降の項目では、ここで示した相談面接における民生委員の心構えや留意すべき事項を具体的に守り、実現するための技法や着眼点を紹介します。

# 22 相談面接は段階や焦点を当てる部分によって種類が分かれる

相談面接には、種類があるのでしょうか。あるとすれば、何を基準にしてどのように分けられますか。

相談面接は、情報収集や状況を整理する段階で行う相談面接と具体的な問題解決の段階で行う相談面接に分けられます。また、相談者個人に焦点を当てて行う相談面接と周囲の環境との調整や資源活用などに焦点を当てて行う相談面接、とに分けることもできます。

### 面接と相談面接

面接というと、一般には例えば入社試験や入学試験の時の面接のように「その人を評価する」ための面接が思いつきます。例えば、生活保護担当のソーシャルワーカーが「では面接をしましょう」と言ったとすると、それを聞いた相談者は「いったい何を評価され点数をつけられるんだろう」と不安に思うかもしれません。

もちろん、本書で取り上げる相談面接は、そのような「評価のための面接」ではなく、21で述べたように、何らかの意味で問題解決につながることを意図しています。

### 相談面接を二つのポイントで分類する

「相談面接の目的は問題解決」にあるといっても、問題解決の方法も手順も多様です。そこで、ここでは相談面接を、「問題解決過程のどの段階で行う面接か」「問題解決にあたって主に焦点を当てる部分はどこか」の二つの条件によって分けて考えます。

### 「問題解決のどの段階で行う相談面接か」で分類する

これは大きく分けて、前半と後半に分かれます。

前半は、その相談者のことや抱えている問題の概要を知り、関連する情報を集める段階で、いわば、問題解決のための導入時期、準備期間です。後半は、前半で集めた情報をもとに、問題解決に至る段階です。そこでは、相談者の前向きな意欲を引き出したり具体的な解決策を提示して選択してもらうためのやりとりが中心になります。

実際には、1回ですべての要素を含み解決して終わることがある一方、複数回に渡る面接の最後の段階で、新たな情報が出てきて振り出しに戻ることもあります。したがって、この時期区分はあくまでも一つの目安と考え、その相談面接の段階が、どの段階にあるのかということを意識しておくとよいでしょう。

### 「問題解決にあたって主に焦点を当てる部分はどこか」で分類する

これは大きく分けて、主に個人に焦点を当てるのか、個人と環境の両方および両者の関係に焦点を当てるのかに分かれます。前者の個人に焦点を当てる面接は、例えば心理療法や少年鑑別所で行われる矯正のための面接のように、問題の原因を主にその個人の内面にあると考え、その改善を目的に行うものです。これは専門職が行うものであり、民生委員はそのような相談面接は行いません。

後者の個人と環境の両方および両者の関係に焦点を当てる面接が、民生委員が行う相談面接に該当します。具体的には、「今困っている問題は、相談者個人とそのとりまく環境（生活の諸条件やかかわりのある人々等）の接点で起きている。そこに起きている摩擦やミスマッチ、行き違いを改善することで問題を解決しよう」とする立場です。したがって、相談者だけでなく相談者の周囲にも働きかける対象が広がります。

# 23 相談面接から問題解決に至る一連のプロセス

> 相談面接が問題解決のために行われることはわかりますが、実際にどのような過程を経て展開するのか、そのプロセスを教えてください。

相談面接から問題解決に至る過程は、専門職向けテキストなどに標準的プロセスが載っています。民生委員は必ずしもすべての段階にかかわるわけでもありませんし、専門職と同様の細かな手順を守る必要があるということでもありません。しかし、このプロセスを知ることで、自らが行っている相談面接の位置づけや留意点などの理解につながります。

すでに述べているように、相談面接は問題解決のために行われますが、その展開を図式化するとp.73の図のようになります。各段階ではそれぞれ次のようなポイントや留意点があります。

### 相談者（問題）との出会い

相談者が問題解決のために相談に来るとは限らず、専門職が訪問することで問題と出会うこともあります。

### 情報収集と評価

本人や家族の心身の状態や生活環境、その地域のサービスの整備状況や実際の利用状況等の情報を把握します。この情報収集は、主に相談者との相談面接を通して行いますが、必要に応じて関係機関などからも直接情報収集します。

### 支援計画の策定
　収集した情報を整理し評価したうえで、相談者や家族の希望や気持ちを尊重しながら支援計画を策定します。

### 支援の実施
　複数の機関が支援にかかわる場合には、相互の連絡調整が不可欠です。

### 支援の評価と修正
　支援の効果が出ない（問題解決に向かわない）理由には、計画自体に誤りや無理がある、計画策定当時は妥当だったがその後状況が変化した、支援の実施機関や事業所が行う支援の方法に問題がある、相談者自身が計画で予定されていた行動を取らない（義務を果たさない）など、さまざまな理由が考えられます。評価に基づき修正をする場合、これらのどの理由（一つとは限らない）かを明確にすることで修正方法が導き出せます。

### 支援の終結
　問題が「ある程度」解決すれば支援は終了します。ここで「ある程度」と書いたのは、「完全な解決」ということは普通はないからです。

　例えば、支援をする人が相談者の家族や友人なら、際限なく支援を続けることもあるでしょうし、そのことは当事者同士だけの問題ですので、周囲が口をはさむ必要はないでしょう。それに対し、社会的な仕組みとして行う支援の場合、限られた資源の公平な活用の観点から、原則として「ある程度の解決」で支援を終結することが前提で支援が行われます。

相談支援のプロセス

1．相談者（問題）との出会い
   ↓（主訴把握、緊急性確認、信頼関係構築、他機関紹介可能性検討）

2．情報収集と評価
   ↓（本人や家族の状況の把握、公私の社会資源の状況把握等）

3．支援計画の策定
   ↓（情報整理、希望の把握、優先順位設定、目標設定（内容、期間））

4．支援の実施
   ↓（サービスの実施、社会資源との連絡調整、本人や家族への働きかけ）

5．支援の評価と修正
   ↓（目標到達の確認、本人の納得・評価、必要に応じ支援計画修正）

6．支援の終結
   ↓（ある程度の解決）

## 24 相談者は不安を持ち警戒をしながら相談をしている

> 相談面接にあたって、相談者のどのような心情を理解しておく必要があるでしょうか。

**Point** 相談をする人は、その問題自体で悩んでいるだけでなく、それを相談するということに対する不安やためらいも持っています。民生委員は、相談者の複雑な心情を理解して相談面接にあたる必要があります。

### 相談者が外部の機関に相談するまで

皆さんが悩みや問題を抱えていて、何らかの対応や解決をしなければならないとしたらどうするでしょうか。通常は、自分で努力するとともに、家族や親しい友人などに相談するでしょう。

しかし、そもそも自力では解決しようがない場合や、努力したけれども解決できない場合、また最初から周囲に相談したり力を貸してくれる人がいない場合などは、外部の公的機関などに相談することになります。

このような経過を経て相談に至った場合、相談者は複雑な心情を抱えながら相談の場面にいます。確かに相談者のなかには、公的支援を受けるのは当たり前と思い、ためらいもなく相談を活用して理不尽な要求を行政などにする人もいます。しかし、そのような人は例外であり、多くの人は相談に対するためらいや不安を持っています。

## 相談者の複雑な心情

相談者は相談面接にたどり着くまでにさまざまな経験をしており、その過程で傷ついたり、自信を失っている場合もあります。

民生委員は、相談の内容にかかわらず、多くの相談者に共通する次のような複雑な心情を十分受け止めながら対応をする必要があります。

（1）相談者は相談面接にたどり着くまでに疲れ自信をなくしている

相談者は、最初は自力で、あるいは身近な人に相談したり力を借りながら何とか解決しようとしましたが、それがうまくいかなかったことから相談面接にたどり着いたわけです。そのため、その過程で自分に自信をなくし、「自分は非力である、能力がない」などと思ったり、絶望感を持っていることもあります。また、周囲から協力があまり得られなかった場合（そのように一方的に思いこんでいる場合も含め）、周囲に拒否されたと思い、周囲の人に対する不信感や孤立感を深めていることもあります。

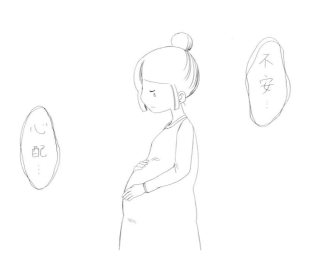

（2）相談者は相談面接をすることに不安を感じている

　多くの相談者は、相談の場所が役所の窓口であれ相談相手が民生委員であれ、相談機関を利用することに慣れていません。そのため、戸惑いや不安を持ちながら相談にやってきます。「相談した結果どうなるんだろう。何て言われるんだろう。自分の間違いや能力のなさを指摘されるのではないか。『もっとしっかりしなさい』と怒られるのではないか」とあれこれ考え、警戒したり、恐れていることも珍しくありません。

　相談面接に対応する側（専門職や民生委員など）は、その相談者の人物評価をするために相談面接に対応するわけではありませんが、相談者の側ではそのことを強く意識していることを知っておく必要があります。

　また、相談者は「これを言ったらどうなるんだろう」と不安を抱えているので、なかなか肝心なことを話さなかったり、隠す場合もあります。

（3）相談者はすぐに解決してくれるだろうと期待している

　相談者は、多くの場合「ほかに対応策がない状態」「切羽詰まった状態」になってから外部の相談機関に相談します。そのため、「相談したらすぐに何とかなる、何とかしてくれる」と期待している場合もあります。内容にもよりますが、すぐに対応できない場合でも、そのような相談者の心情に配慮しながら丁寧に対応する必要があります。

# 25 相談面接で最も大切なことは傾聴すること

民生委員として相談面接に対応する場合、特にどんなことを心がける必要がありますか。

**Point** 相談面接で最も重要なことは、相談者の話を真剣に聴くということです。この場合、民生委員がいくら真剣に聴いていると思っても、相談者に「この人（民生委員）は私の話をしっかり聴いてくれているな」と思ってもらえなければ意味がありません。そのために、民生委員は相談者に対し、「聴いている」というメッセージが伝わるような工夫をする必要があります。

### 五感を動員して聴く

　　　傾聴ボランティアという活動が広がっていますが、傾聴とは、五感を動員して話を聴くことです。「きく」という言葉を漢字で書くと何種類かあります。

　「訊く」は「訊問（じんもん）」で使われるように、こちらが入手したい情報をきき出す時に使う言葉です。

　「聞く」は音として耳に情報が入ってくるということです。

　これらに対し、傾聴で使われている「聴く」という漢字には耳以外に「目」や「心」が入っています。つまり、「聴く」というのは、相手に言いたいことを話してもらい、それをこちら側（民生委員）が五感を総動員して聴き、受け止めるということです。

### なぜ聴くことが大切なのか

　民生委員が相談者の話をしっかり聴くことには、次のような効果が期待できます。

（1）話すことで気持ちが落ち着いたり、問題を客観視できたりする

　これは誰もが思い当たるでしょうが、嫌な経験をしたり心配なことがあるときに、誰かに話を聞いてもらうと、それだけで気持ちが落ち着くことがあります。また、話す過程で状況を整理し客観視することにもつながりますし、聴いてくれる人がいること自体が、相談者自身の気持ちを前向きにする効果があります。

　このことについて次のようなエピソードがあります。ある相談者が帰り間際に「今日、民生委員さんと話して、ずいぶん解決策がみえてきて、自分がすべきこともわかってきたように思います。いろいろアドバイスありがとうございました」と言って帰りました。しかし、このとき、民生委員は解決策や相談者がすべきことについて具体的なことはほとんど話していません。ただ「上手に話を聴いていた」だけでした。

聴く＝耳＋目＋心

（2）相談者と民生委員の信頼関係が高まる

　人は、自分の話をしっかりと聴いてくれる人は信用しますし、もっと話す気になります。逆に、しっかりと話を聴いてくれる人でなければ信頼することもないでしょうし、話も続かなくなるでしょう。

（3）問題の適切な対応や解決につながる情報が得られる

　前記(2)のとおりなので、聴く姿勢が相談者に伝わることで相談者がより多く話し、特に感情的なことについても話してくれるようになり、多面的な情報がより得やすくなります。

　なお、相談面接に関してはいろいろな所で「情報」という言葉が出てきますが、情報というと数値や事実関係のみと思いがちです。しかし、相談面接で重要視する情報の中身はそれだけではありません。例えば、相談者が「このように感じた」「こうしたいと思っている」ということも大切な情報です。この場合、感じた内容や思っている内容が現実離れしていたり常識からかけ離れていることもあるでしょう。しかし、大切なことは、内容の妥当性ではなく、相談者が現実にそのように感じたり望んでいるという事実です。この事実を情報として受け止め、問題対応や解決に活かしていくということです。

**上手に聴く方法**

　前記の(1)で、「上手に」話を聴いたエピソードを紹介しました。では上手な聴き方とはどんな方法でしょうか。それは、民生委員が一生懸命聴いてくれているということを相談者が実感できる聴き方をすることです。そのためには次のような方法があります。

　①うなずいたり、相づちを打ったりする。

　②相談者の話した重要な言葉、キーワードを民生委員も使って話す。

　③重要だと思うことについてさらに具体的内容や詳細を質問する。

④真剣に聴いていないととられるような動作や態度（腕を組む、いすに反っくり返る、相手と別の方向を見る、時計を気にする、携帯電話に出る、相談者が話していないことを話題にするなど）をとらない。
⑤相談者の話を否定したり評価したりしない（なお、これは相談者の言動をすべて「正しい」と認めることとは違います。内容によっては、民生委員が、相談者がしたことや考えていることを間違っていると考えることは当然考えられますし、それ自体は自然な感情です。ただし、相談面接は民生委員が相談者を評価するために行うものではありません。「相談者が〇〇をした」「相談者は△△と考えている」こと自体は事実なわけですから、相談面接の場面において、民生委員はその事実を受け止めるということです）。

## 26 相談者は話を受け止められると話しやすい（受容の必要性）

相談者の話をちゃんと聴く必要があることはわかりますが、間違ったことや非常識なことを言ったり行っている場合でも否定してはいけないのでしょうか。

**Point** 相談者の意見や考えは、これまでの人生経験や持っている知識などから形成されたもので、その相談者固有のもの、いわば個性と考えられます。個性には良いも悪いもありません。相談者はそのように考える人だという事実をそのまま受け止めることが大切であり、このような姿勢を受容といいます。受容されることで相談者は「自分のことが受け止められた」と感じ、そこから民生委員に対する信頼が生まれます。

**答え**
### 受容すると信頼関係が生まれる

例えば、相談者である母親が、「子どもをたたきたくなるときがあるんです」といった場合、もし民生委員が「あなたは間違っています」「母親なのだから我慢しなくてはだめですよ」「昔の母親は我慢強かったのに、最近の母親は…」と返したら、その母親はどう感じるでしょうか？　おそらく、「この人は私の大変さをわかろうとしていない」「この人に話しても無駄だ」と思うでしょう。

一方、そのとき民生委員が「そうですか、お子さんをたたきたくなってしまうことがあるんですか。それほど大変なんですね。どんなときにそうなるんですか？」と返したらどうでしょうか。その母親は、「こ

の人は私のことを理解しようとしてくれている」「私の言動を非難しないようなので、本音で話してみよう」と思う可能性が高いでしょう。

このように、もし民生委員が相談者の言動をあるがままに受け止めること、つまり受容ができれば、相談者は安心することができ民生委員に対する信頼も高まります。

**受容するためには善悪を判断しないこと**

この例からもわかるように、受容するうえで大切なことは、その人の意見や考え方を評価したり否定したりしないということです。私たちは、一般論や自分の持つ価値感から人の意見を評価したり批判したりします。しかし、相談面接では、まず相談者が現に考えていること、主張していることをありのままに知る必要があります。

相談者の自己中心的で理不尽な話を聴いたときに「勝手なことを言っている」と思うことがあるでしょう。それ自体当たり前のことですし、そう思うことが間違っているわけではありません。ただし、相談面接の場面ではいったんそれを脇に置く必要があるということです。

### 受容することは相談者を深く知ることにつながる

　ここでいう受容することは、単に相談者の話をよく聴くということではなく、相談者がなぜそのように思っているのか、なぜそういう状況に追い込まれたのか、そのような疑問を持ちながら話を聴くということです。

### 受容は間違ったことを正しいと認めることではない

　受容は相談者の言葉や考え方をありのままに「受け止める」ことであって、相談者の間違った行動や不当な要求などを「受け入れる」ことや「許容する」こととは違います。あくまでも相談者に付随する一つの情報として、その人の考え方や言動を認識することをいいます。したがって、仮に明らかに他人に迷惑をかけるような行為をすると言っているのであれば、なぜそのようなことをしようと思っているのか、何が相談者をそこまで追い込んだのか、といったことは考えながら、状況に応じて関係機関と連携しながら強制的にでも止める必要があることは当然です。

## 27 相談者を一人の人として尊重する

相談面接で「相談者を一人の人として尊重する」というのは当たり前のことだと思います。なぜ、このことが強調されるのでしょうか。

相談者は「同じような問題を抱えた大勢のなかの一人」ではなく、「固有の問題を抱えた一人の人として尊重されたい」と思っています。なぜなら、人は誰でも独立した存在であり、一人ひとりがそれぞれの人生を生きているからであり、その人が抱える問題や悩みはすべて異なるからです。

相談者が持っている、この「一人の人として認められたい」という気持ちを絶えず受け止めながら民生委員は対応する必要があります。

**答え** 私たちは、「精神障害者」「ひきこもりの若者」「認知症の高齢者」などのように、人の共通した特性に着目してその人たちに起こる問題や支援策を考えます。そのこと自体は間違いではありません。例えば、「精神障害者の多くが〇〇で困っているので、その改善策を講じよう」「認知症の高齢者はこういう行動をする傾向があるので、そのときにはこういう対応が有効だ」といったことを積み重ねていくこと自体は大切なことです。

しかし、この「一つにまとめて共通的な特徴や対応を考える思考方法」は、一歩間違えると、民生委員として本来重視すべき一人ひとり

の違いや個性、願いなどを尊重する姿勢を失わせる危険があります。どんな場合でも、一人ひとりの人を独自の存在として認め、尊重する姿勢が必要です。

## 一括りにすると見るべき物が見えなくなる

人は一人ひとり別々に生きています。個別性を尊重するということは、この個別に存在しているAさん、BさんのそれぞれをAさんのこと、Bさんのこととして受け止め、尊重し、対応するということです。

例えば、この二人に「ひきこもり」という点で共通性があるとしても、そのきっかけやたどった経過、将来希望することは違うでしょう。家族環境、そして家族が望むことも違うでしょう。何よりも、Aさんが経験したこと、Bさんが経験したことは、それぞれ本人以外にわかりようがありません。

## 相談援助の専門職が陥りやすい見方

ここで書いていることは当たり前のことなのですが、社会福祉の専

門職を含め、現に問題に直面している人を支援する援助者には、安易に同じような問題を抱えた人のなかでのタイプ分けをして、対応策を考えてしまう危険性があります。このような見方をしてしまう原因は、AさんをAさんとみる前に「ひきこもりの若者」とみてしまい、その部分に引きずられながらAさんをみてしまうからです。

相談面接や援助にあたっては、「障害者」「ひきこもりの若者」「認知症の高齢者」とみるのではなく、それぞれ自分の人生を精一杯生きているAさん、Bさんというとらえ方をすることが大切です。兄弟のいる子どもをしかるとき、「お兄ちゃんはできたのに」「お兄ちゃんはそんな悪いことはしなかった」と他者と比較するようなしかり方は禁句だということは広く理解されていますが、基本的にはそのことと同じです。誰でも「自分は自分として見てほしい」と思います。

同時に、同じような問題を抱えているように見えても、一人ひとりの状況は異なり、適切な対応方法、支援方法が異なるという視点を見失わないことも大切です。

このように、「あなたを一人の人として尊重しています」という民生委員の姿勢が相談者に伝われば、相談者の意欲や前向きな気持ちを引き出すきっかけになる可能性が高まります。

# 28 開かれた質問と閉じられた質問を使い分ける

相談面接の時に私が質問をすると、その後で会話が続かなくなってしまいます。質問をするときには、どのような点に気をつける必要がありますか。

質問には、開かれた質問と閉じられた質問（「閉ざされた質問」という場合もある）とがあります。このうち、閉じられた質問ばかり続けると、取り調べをしているような感じになり、会話のキャッチボールがつながりにくくなります。開かれた質問と閉じられた質問をバランスよく使い分けることが大切です。

**質問には開かれた質問と閉じられた質問の2種類がある**

　　　　私たちが日頃会話のなかで使っている質問には、開かれた質問と閉じられた質問の2種類があります。

　開かれた質問とは、回答者(話し手)が自由に答えられる質問です。例えば、「これからどうしたいですか？」「そのように言われてどのように感じましたか？」といったように、回答者が自由に考えて、自分の言いたい言葉で回答できるような質問です。

　一方、閉じられた質問は、回答内容が質問する側からあらかじめ限定され、回答者はその範囲でしか答えられない質問です。代表的なものは「お母さんと一緒に暮らしたいですか？」「昨日はデイサービスに行きましたか？」というように、「はい」か「いいえ」で答える質問です。閉じられた質問には、このほかにも「何歳ですか？」「何分

くらいかかりますか？」「どこで生まれましたか？」というように、「はい」や「いいえ」以外に、数字や固有名詞などで答えるような質問もあります。

**相談面接の初期には閉じられた質問を多用しがちになるので注意**

　民生委員に限ったことではありませんが、相談面接の初期段階では、相談者の情報をなるべく早く知りたいためにどうしても閉じられた質問を多用しがちになります。そうすると相談者は、一番肝心な困っていることや悩んでいることに民生委員は関心がないのではないかと受け取ってしまう可能性があります。情報は徐々に集めればよいので、相談面接をする際には、まずは相談者が言いたいことがなるべく言えるようにするよう心がけ、閉じられた質問が続かないようにするとよいでしょう。

**開かれた質問の有効性**

　相談者が自分自身で考えて主体的に解決策を考える、という相談面

開かれた質問

接の目的を考えれば、例えば「どうしたらよいと思いますか？」というように、なるべく開かれた質問をするとよいでしょう。これは、質問と同時に相談者に対して自分で考える機会を提供しているということになります。

　また、開かれた質問は、相談面接の後半や方向性を出す段階だけでなく、相談面接の初期の段階でも、例えば「どんなことで困ってますか？」「何がありましたか？」「そのときにどのように思いましたか？」というように、それまでの体験や気持ちを振り返る際にも有効な質問です。

### 閉じられた質問を使うとき

　例えば、事実の有無や情報の内容を確認しなければならない場合には閉じられた質問をする必要があります。また、相談者がなかなか考えを整理できないときや言葉が浮かばないときには、まずは閉じられた質問で話すきっかけをつくるという方法もあります。例えば、「ずっと一人暮らしですか？」との質問に、「今は一人暮らしです」に続いて、「以前は、○○に住んでいて、そのときは△△と同居していたんですけどね」というような流れで話が広がるよう、とりあえず閉じられた質問をするということです。

## 29 相談がなかなか前に進まない場合に先に進める方法

> 相談者の話を真剣に聴いていますが、なかには同じ話を何度も繰り返したり、話が何度も脱線したり、なかなか言葉が出てこないなど、長い時間をかけても肝心な問題までなかなか話が進まないことがあります。何かよい対応方法はありますか。

**Point** 相談者は、気持ちが整理できなかったり、躊躇があったりしてなかなか肝心な話ができない場合があります。そのような場合、「早く肝心なことを言ってください」と言っても意味がありません。民生委員が「明確化」「要約」の技法を使うと、相談者の意識が整理され肝心な話に近づくことができます。

**答え** 一般的に、福祉事務所のソーシャルワーカーなどの相談の専門職は、あらかじめ終了予定時間の目安を決め、相談者にもその旨を伝えてから面接を開始します。一方、民生委員は次の予定が入っていない限り、専門職のように時間を限定することはなかなか難しいでしょう。

しかし、民生委員は多忙ななかで相談面接をしているわけですし、大切なことはかける時間の長さではなく、相談者の話をきちんと受け止め、必要な対応ができればよいわけです。したがって、必要以上に時間をかける必要はありません。また、内容によっては、早く問題の核心部分を聴いて、対応を急いだほうがよい場合もあります。

こういったときに活用できる技法として、「明確化」「要約」の技法

があります。これらの技法を、いかにも先を急ぐような感じで使うことは避けたほうがよいでしょうが、必要に応じて活用することで相談面接を前に進めることができます。

## 「明確化」の技法

相談者が話している途中で「あのー…」「ええと…」と言って言葉が途切れたり詰まったりする場合があります。その原因には、①人名や地名などを忘れている場合、②感情や状況などを説明する適切な言葉が見つからない場合、③複雑な感情のためになかなか言葉が出ない場合等が考えられます。このような場合、待つことが基本ですが、あ

「明確化」の技法

「要約」の技法

まり間があくようであれば、「〇〇のことですか？」などの言葉で民生委員が明確化する（助け船を出す）方法もあります。

また、「今のことをもう少し具体的に話してもらえますか」「とするとどういうことが問題になるのでしょうか」というように、内容を掘り下げたり焦点を絞るために質問することを「明確化」ということもありますが、この技法も相談を進めるのに役立ちます。

### 「要約」の技法

要約は、区切りのよいところで相談者が話した内容をまとめて返す相談面接の基本的な技法の一つであり、次のような効果があります。

①相談者に対して「あなたの話をしっかり聴き理解してますよ」というメッセージを送ることができる。

②相談者が混乱して焦点が定まらない場合に、内容を要約して返すことで相談者の混乱が整理され、話を次の段階に移行することができる。

③相談者が話した内容のうち、もっと話してほしい部分を中心に要約することで、話の内容を重点化できる。

④理解している内容が間違っていないか確かめることができる。

要約は、民生委員が聴いて要約した内容を一方的に伝えるわけではなく、「つまり……ということですか？」「今の話は……と理解すればよいですか？」というように、「このように理解しましたが間違いないですか？」と確認する姿勢で言葉を返すことが大切です。

# 30 必要に応じて社会資源を紹介する

相談面接でサービス利用などに関して質問を受けたときになかなかスムーズに紹介や説明ができません。何かよい方法があるでしょうか。

問題解決に役立つ社会資源は、公的なサービスに加え、民間のサービスや支援活動などもあります。民生委員としては、日頃から地域のさまざまな人や組織などと交流を深め、必要に応じて具体的な内容を説明したり、人を紹介できるとよいでしょう。

### 社会資源を正しく紹介する役割

　民生委員の役割は、福祉や介護などのサービス利用の可否を判断したり、その予測をすることではありません。それらは、それぞれ専門の機関が定められた基準に基づいて決めるものです。その場で相談者を安心させようと思って曖昧な知識や限られた情報をもとに自分勝手に判断して、「間違いなく利用できますよ」などといった言い方は避けなければなりません。結果として利用できることもあるでしょうが、もし利用できなければ民生委員が嘘をついたことになりますし、不信感を招くだけです。

　一方、民生委員は、近所のただの話し好きな人として漫然と相談者の話を聞いているわけではありません。問題解決という目的に沿って話を聴き、もし必要がある場合には、該当する社会資源を紹介する役割が期待されています。

## 社会資源の種類

社会資源についてはさまざまなとらえ方や定義がありますが、共通する考え方は「問題を解決するために実際に利用が可能なサービス、人、物、場所、組織等のこと」です。

この説明に沿って具体例を考えてみます。例えば、認知症の高齢者への対応に悩んでいる家族から相談を受けたとします。その場合の社会資源には、介護や医療という「サービス」があり、近所には認知症の高齢者の介護経験があって相談相手になってくれる「人」がいて、万が一高齢者が外に出て行方がわからなくなっても居場所がわかる靴の中に仕込む発信機という「物」があり、近くにはNPOが運営する認知症カフェという「場所」があり、家族同士で悩みを語り合う家族会という「組織」がある、といったことです。

## 社会資源の紹介

実際には地域によって差があり、もっとたくさんの種類の社会資源がある地域もあれば、逆に少ない地域もあります。また、サービスの

種類（メニュー）があったとしても、その供給量が少なければ利用できるとは限りません。

　いずれにしても、民生委員としては、社会資源を、例えば公的サービスというような狭い範囲でとらえるのではなく、民間で購入する物や、当事者や家族等が行う支援活動など幅広くとらえ、それらの情報をなるべく日頃から丁寧に収集して紹介できるとよいでしょう。

　なお、本書のいくつかの項でも述べていますが、どのような社会資源を使うかは基本的に本人が決めることであり、民生委員が押しつけたりするものではないことを再確認しておきます。

### 社会資源を紹介する場合はなるべく具体的に説明する

　例えば高齢者にデイサービスを紹介する場合、デイサービスではどんなことが行われているか、デイサービスを利用することで本人にどんな変化が期待できるか、家族にとっても利用価値があることなどを、できれば活用してよかったと話している人の具体例などを交えて紹介するとよいでしょう。また、「お試し利用」を紹介する方法もあります。

### 独自に社会資源リストをつくる

　地元の自治体や社会福祉協議会などが、地域の社会資源リストやマップをつくっている場合があります。それがあれば、そこに自分なりのわかりやすい説明方法を加えてもよいでしょうし、もしない時は独自のものをつくっておくとよいでしょう。相談があってからその都度社会資源を探さなくてもよいように、手持ちのリストをつくっておくことをお勧めします。

# 第4章

# 相談面接と記録

31 民生委員が作成する記録と書類
32 活動記録の活用と記入のポイント
33 個別の支援にかかわる記録の活用と記入のポイント
34 家族関係を図式化して理解する（ジェノグラムの活用）
35 相談者の支援関係を図式化して理解する（エコマップの活用）

## 民生委員が作成する記録と書類

民生委員が作成する記録や書類にはどんなものがありますか。それぞれどのような目的や意義があるのでしょうか。

民生委員が作成する記録には、主に統計的に活用する「活動記録」と、「福祉票」や「児童票」など個別支援にかかわって作成する記録の2種類があります。また、記録とは目的が異なりますが、住民のサービス利用や手当受給などの手続きの際に民生委員が第三者の立場で作成する調査結果や所見などの書類もあります。いずれも民生委員活動の円滑な推進と適切な支援のために作成するものですが、記録や書類の作成というと、つい後回しにしがちです。記録や書類作成も活動の一部ですので、迅速で正確な記述を心がけるとともに、内容には個人のプライバシーが含まれることから安全確実な方法で保管をする必要があります。

民生委員が作成する記録や書類には次のようなものがあり、それぞれ目的や活用の方法が異なります。

### 活動記録

活動記録は、全国の民生委員が同じ様式で作成します。民生委員として日々行っている活動の件数を、あらかじめ決められた分類方法に基づいて記録するものです。詳細については32で説明します。

### 福祉票、児童票などの個別支援にかかわる記録

個別の相談面接や支援にかかわって作成する記録の代表的なものが

福祉票と児童票です。福祉票は全国民生委員児童委員連合会から参考様式が示されています。児童票は厚生労働省が作成した児童委員の活動要領のなかで参考様式が示されています。福祉票と児童票は、独自に項目を加えたり、両者を一体化した様式にするなど、地域ごとに様式の違いはありますが、全国どの地域でも作成されています。

これら以外にも、例えば「世帯票」や「ケース記録」など、独自の名称で個別支援にかかわる記録が作成されている地域もあります。

なお、生活福祉資金の借入世帯にかかわる生活福祉資金借受世帯支援記録票がありますが、これは全国統一の様式です。

個別支援にかかわる記録の活用方法や書き方については33で説明します。

### 調査結果、所見、状況（確認）報告等の書類

あるサービスを利用したり手当を受けようとする場合に、当該の実施機関から、サービスの利用要件や手当の受給要件に該当するかどうかを確認するために、実際の収入の状況や同居者の有無などに関する第三者による事実確認や証明を求められる場合があります。

このような場合、民生委員は第三者として位置づけられることが多く、かつては「証明事務」という名称で証明書の発行を行っていました。しかし、ほとんどかかわりのない住民から事実が確認できないにもかかわらず強く証明書の発行を求められたり、福祉の範疇を超えるさまざまな領域で証明書の発行が求められるようになるなど、証明事務の位置づけが曖昧ななかで責任や職務が拡大していました。
　そこで、全国民生委員児童委員連合会は2002(平成14)年5月に「「証明事務」の基本的な取扱いについてのガイドライン」をまとめ、証明事務に関する基本的考え方や留意点を示しました。それによると、証明事務はあくまでも住民の支援を目的に行うことや、民生委員の役割からすると証明ではなく、「調査結果」「所見」「状況（確認）報告」などの名称を使用することが望ましい、としています。また、本人から強く求められても、実際に状況確認ができないような場合には対応しないということも明記されています。

# 32 活動記録の活用と記入のポイント

活動記録は細かく分類して記入するなど手間がかかるのですが、どのような目的や活用方法があるのでしょうか。また、記入にあたっての留意点などがあれば教えてください。

**Point** 活動記録は、個々の民生委員が活動を振り返ったり地域の問題を概観するうえで活用されるとともに、国において活動の総件数をまとめることで、福祉政策の企画・立案にも活かされています。慣れるまでは記入に時間がかかるかもしれませんが、「活動記録記入の手引き」に詳細の書き方が示されているので、それを参考にして正確に記入するように心がけてください。

### 活動記録とは

活動記録は、1961（昭和36）年に厚生労働省が作成する統計の一つに民生委員・児童委員の活動状況が加えられたことから始まりました。当時は「活動メモ」の名称でしたが、その後の改変により現在の名称の「活動記録」になりました。毎年度全国のすべての民生委員に配布される活動記録（冊子）に日々の活動を記入し、月ごとに集計したうえでそれぞれ所属する民生委員児童委員協議会（民児協）の会長に提出します。それが市町村、都道府県を経由して厚生労働省により全国集計されます。

### 活動記録の意義と活用

（1）一人の民生委員として

　民生委員にとって活動記録を書くことは、日々の活動を振り返り活動の積み重ねを確認するとともに、活動記録を整理し集計や分析をすることとなり、数字のうえからも自分が担当している地域の問題の変化や新たな課題の発生に早めに気づくなどの活用が期待できます。

（2）民児協として

　活動記録は民児協の会長を経由して市町村に提出されるので、その過程で一人ひとりの民生委員の活動状況が把握でき、必要に応じて調整やアドバイスをすることができます。また、各民生委員のデータをまとめて集計することで、地域全体の福祉課題の動向を把握したり民児協の組織的活動に活かすことも期待できます。

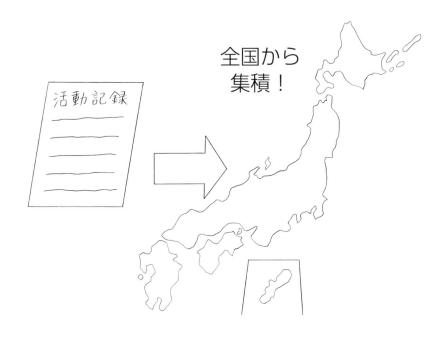

(3) 国として

　一人ひとりの民生委員が提出したデータは最終的に全国集計され、厚生労働省から「福祉行政報告例」として毎年公表されています。国では、このデータにより民生委員の活動状況を把握するとともに、その役割の重要性や活動の実績を国民に対して示すことができます。また、経年の変化をみることで、福祉課題の変化を明らかにしたり、政策の企画立案の基礎的な資料にも活用されています。

## 活動記録に記入する内容と記入上の留意点

　活動記録の記録上の留意点等は全国民生委員児童委員連合会がまとめた「活動記録記入の手引き」（同連合会のホームページで閲覧できます）に詳細が説明されています。このなかの大事な点の一つとして、活動記録に記入する活動の範囲があります。民生委員は地域でさまざまな活動をしていますが、活動記録には民生委員としての活動のみを記入します。例えば、民生委員という立場と関係なく個人として参加したボランティア活動や、町内会の役員などの立場で参加した地域の清掃活動などは活動記録の対象にならないということです。

　活動記録を正確に書くためには、できるだけ活動したその日に書くことが原則です。なお、活動記録には「活動概要」や「活動のメモ」欄がありますが、これらは活動内容の分類のために必要なメモなどを書くためのスペースです。個別援助にかかわるメモなどを書くためのものではありません。

# 33 個別の支援にかかわる記録の活用と記入のポイント

福祉票や児童票などの個別支援にかかわる記録には、どのような意義や活用方法があるのでしょうか。また、書き方のポイントがあれば教えてください。

支援が必要な個人や世帯に対し一貫性を持って適切な支援を行うためには、相談内容や支援の経過、必要な基本情報などをまとめた福祉票や児童票などの記録が必要とされます。また、民生委員は、個人としてではなく公的な役割として相談面接や支援を行っていることからも、行った内容を振り返ったり、場合によっては第三者に対する説明資料として福祉票や児童票などが必要とされることもあります。そのため、これらの記録は、誰が後から読んでも正確に理解できるような書き方をする必要があります。

### 福祉票や児童票の位置づけ

　民生委員は、相談面接や支援を行った場合には、福祉票や児童票に記入する必要があります。これらは活動記録と違い、統計にするためのものではありません。例えば福祉票は「何らかの支援を必要とする個人や世帯の状況や相談・支援の過程を記録し、個別援助活動を展開する際の基礎資料になる」(全国民生委員児童委員連合会「福祉票の作成とその取り扱いに関する基本的考え方」) ものです。児童票も同様の性格を持っています。

　つまり、福祉票や児童票をうまく活用すれば、民生委員としてより

適切な個別支援に役立てることができるということです。

## 福祉票や児童票の意義と活用方法

福祉票や児童票などの個別支援の記録には、民生委員にとって主に次のような意義や活用方法があります。

① 相談面接を複数回行う場合、前に相談者や自分（民生委員）が話した内容や提供した情報などを確認できる

② 対応に困った場合、民生委員児童委員協議会（民児協）の会長や専門職などに相談するときに活用できる（個人情報保護の観点から、必要最小限の範囲で記録を利用する）

③ 必要に応じて関係者と情報共有する際に、記憶に頼るのではなく文字として書かれている確かな情報を提供し共有できる

④ 相談面接や支援を行ったことやその内容などを説明する資料として利用できる（正当な理由で関係機関から求められた場合に対応）

⑤ 引き継ぎを正確に行うことができる（民生委員が代わるときや相談者が引っ越して引き継ぐときなど）

⑥ 民児協の会議や研修会等で事例検討の素材にできる（ただし、個人情報保護に留意し、匿名化を図る必要がある）

## 福祉票や児童票を書くポイントと留意点

福祉票や児童票は、本来公開することを目的に書くものではありません。しかし、前記のように、ほかの人が見る可能性があることや、自分でもある程度時間が経過してから見る可能性があることを考えると、後から誰が読んでもわかるように正確かつわかりやすい方法で書く必要があります。

以下、書くときの具体的ポイントを示します。

（1）5W1Hを明確にして書く

報告や連絡の文章、あるいは新聞記事の構成要素と同じく、「いつ

(When)、どこで（Where）、だれが（Who）、なにを（What）、なぜ（Why）、どのように（How）」を明確にする必要があります。特に、複数の人物が登場して場面が変化するような場合、主語の「だれが（Who）」を明確にすることが大切です。

（2）できるだけ早く書く

　相談面接や支援でやりとりした内容は時間が経てば忘れてしまいます。正確を期すために、お医者さんは患者の話を聞きながらカルテを書き（最近は直接パソコンに入力）、テレビでみる刑事は話を聞きながらメモをしますが、これらは診察や事情聴取の場面であり民生委員がそこまでする（話を聞きながらメモを取る）必要はないでしょう。メモをしていると話に集中できなくなりますし、相談者からすると話を聴いてもらっているという実感が薄れ、事情聴取をされているように感じるかもしれません。仮にメモが必要だと思う場合は、「間違えるといけない大切なことなのでちょっと書いておきますね」というような言葉を添えながら必要なことだけメモをするとよいでしょう。

（3）誰が読んでもわかる言葉を使う

　自分だけが使っていたり一部の仲間だけがわかるような略語や記号などは使わず、誰もが知っている正確な言葉を使って書く必要があります。

（4）読みやすい文書を書く

　いわゆる達筆や美しい文字である必要はありません。なるべく楷書で判読しやすい文字で書きます。また、適宜、句読点（点や丸）をつける、改行する、一定以上の大きさの文字で書く、小見出しをつける等の工夫をするとよいでしょう。さらに、ジェノグラムやエコマップ（*34、35* 参照）など、できる場合は図式化して視覚的に見やすくするとよいでしょう。

（5）固有名詞や専門用語には注釈をつける

　相談者が使い慣れている俗語や業界の専門用語等を使う場合があります。そのような場合、その言葉をそのまま記録に書いたうえで相談者に内容を確認し、注釈をつけておくとよいでしょう。

（6）支援に必要なことだけ記入する（不要な情報は書かない）

　これには二つの理由があります。一つは情報が多くなれば多くなるほど焦点がぼやけたり、大事なことがわかりにくくなるからです。もう一つの理由は個人情報保護の観点です。絶対に失敗しない個人情報保護の方法は個人情報を何も持たないことですが、実際には何も情報を持たないわけにはいきません。不要な情報は書かないようにすることが大切です。

（7）事実と意見や推測を明確に区別して書く

　記録をしていると、例えば「自分では言わなかったけれど、Ａちゃんは虐待を受けているように思われる」という推測が民生委員の頭の中に浮かんでくる場合があります。これは、その段階では推測であっ

て事実ではないので両者を区別して書く必要があります。

　このことに関していえば、なぜそう思うのか、そう思うようになった過程で知った事実や聞いた話、気づいたことなどを書くことには意味があります。例えば、「〇月〇日、Ａちゃんの家の近所の人から『Ａちゃんが泣き叫んでいる声が聞こえた』という電話をもらった」ことは事実です。また、「△月△日、Ａちゃんと話した時、手にたばこの火を押しつけられたような痕があった」ということも事実です。したがって、それらの事実を記録することは、のちのち大きな意味を持つ場合があります。しかし、それらがあったからといって直ちに「実際に虐待が行われている」ことにはなりません。推測を事実であるかのように書くことは誤りですので両者は区別して書いてください。

（８）相談者の語った事実を書く

　例えば、ある高齢女性がやってきて「うちの嫁が私の財布から１万円を盗んだ。泥棒だ」と話したとします。ここでわかる事実は「１万円が盗まれたこと」ではありません。「その女性が『１万円を嫁に盗まれた』と話した」という事実です。大切なことは、この話したという事実を記録しておくことです。この場合でいえば、嫁と姑の仲が悪いからありもしない悪口を言っている、姑に精神疾患があり妄想が出ている、実際に１万円を盗まれるという金銭的虐待を受けている、さびしくて誰かと話したくて適当に話をつくっている等々、さまざまな可能性が考えられます。つまり、「女性が〇〇と言った」という事実を記録しておくと、後から読み返したときに、その背後にある問題の解決につながるヒントが得られる場合があるということです。

## 34 家族関係を図式化して理解する(ジェノグラムの活用)

相談の専門職は、相談者から聴いた家族関係をわかりやすく一目でわかるように図式化をしていると聴きました。どういう方法でしょうか。また、どのように作成するのでしょうか。

相談の専門職は家族関係を図式化する方法としてジェノグラムを活用しています。正確に作成されたジェノグラムは、相談面接や支援にあたって、相談者の家族関係を意識しながら支援を考える際に有効に活用できます。民生委員として作成する義務はありませんが、円滑な相談や支援を進める際に役立ちます。

### 視覚的に状況や関係をとらえるマッピングの技法

マッピングとは「地図にすること」ですが、相談面接で活用するマッピングとは、「人と人」あるいは「人と機関等」の関係を図にすることをいいます。

マッピングによってつくられる代表的な図式として、相談者の家族関係を理解するためのジェノグラムと、支援の状況を理解するためのエコマップの二つがあります。本項でジェノグラム、35でエコマップを紹介します。

### ジェノグラムの意義

人は一人で生まれて来るわけではなく、必ず親がいます。そして、親だけでなく兄弟や祖父や祖母等、さまざまな家族とかかわりながら人は成長をし、あるいは結婚や出産によって新たな家族を形成するこ

ともあります。相談者を中心におき、これらの家族関係を正確に把握するために作成する図式がジェノグラム（家族関係図、世代関係図とも呼ばれる）です。ジェノグラムは、例えば相談面接の前に見直すことで、その相談者の家族の状況を素早く頭に入れる（呼び戻す）ことができます。

### ジェノグラムの作成方法

ジェノグラムは、相談者に関係する家族の状況がわかるように、三世代の家族の構成員とそれぞれの家族に起きた重要な出来事（結婚、離婚、同居、別居、出産、死亡等）が一目でわかるように、次のような原則に基づいて作成します。

- 男性→□
- 女性→○
- 性別不明→△（◇でもよい）
- 相談者は、上記の□○△を二重線で書く。例）女性の相談者→◎
- 年齢は上記の□○△の中に書く。例）48歳の女性→㊽
- 死亡は上記の□○△の中に×を書く。例）女性の死亡者→⊗
- 夫婦は横に□と○を並べて水平の実線でつなぐ。
- 離婚した場合は上記の水平の実線に／を入れる。
- 子どもは夫婦をつなぐ実線から垂直線を下に引いて□や○を書く。
- 同居している家族は点線で囲む。

## ジェノグラムの例

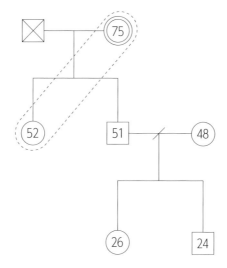

## 35 相談者の支援関係を図式化して理解する（エコマップの活用）

相談者から周囲のさまざまな人や機関との関係を聞くことがあるのですが、急いでメモしても後でよくわからなくなってしまいます。その時に役立つ図式化の方法があるそうですが、どんな方法でしょうか。

**Point** 相談者を取り巻く人間関係や支援を記録する方法として、矢印やいろいろな種類の線を使って人間関係や支援の有無などを1枚の図で理解するエコマップ（eco-map、相関図・人間関係図）を作成する方法があります。エコマップを使えば、必要に応じてほかの専門職に説明する場合も容易に理解が得られ、情報共有がしやすくなります。

### 目的と活用方法

エコマップはアメリカで開発されたもので、相談者や家族にどのような友人や支援者がいたりネットワークがあるか、また、対立関係があるかといったことを1枚の紙にまとめて描いた図をいいます。あらかじめ描き方の簡単なルールがあるので、そのルールを覚えておけば、文章で書くよりも短時間で全体像を描けます。

視覚的に人間関係を整理するので、一目で相談者を取り巻くさまざまな人間関係、支援関係が理解でき、説明などにも活用できます。

次の描き方にもあるように、相談者と周囲の人や機関との関係をいろいろな種類の線を使い分けて描くので、実際に支援するうえで手がかりになる人間関係や役立つ専門機関、また、留意したほうがよい人

間関係等をもれなく理解することができます。

## 描き方

①中心に相談者のジェノグラムを描きます。

②同居している家族を線（円）で囲みます。

③周囲の人々や支援機関などとの関係性を次のルールにもとづいて線で表現します。

・関係が強い場合は太線　━━━

・普通の関係は普通の線　────

・関係が弱い場合は点線　--------

・対立関係は縦線が入る線　+++++++

・働きかけ・支援の方向　────→

なお、例えば、支援する専門相談機関が新たに加わったり、今までかかわらなかった家族が積極的に支援にかかわるようになるなど、支援関係は変化することがあります。そのため、エコマップは変化があった場合に新たにつくる必要があります。また、作成した日付を入れておく必要があります。

専門相談機関などでは組織として描き方のルールを統一し、誰が見ても理解できるようにしていますが、民生委員の場合は、自分が理解しやすくするために描くということだけであれば、必ずしもこのルールに従って描く必要はありません。実際に描いてみて、描きやすく理解しやすい方法があれば、自分なりのルールで描いてもかまいません。ただし、それを専門職などにも見せる場合には、注釈をつけるか、通常のルールに沿って描き直す必要があります。

エコマップの例

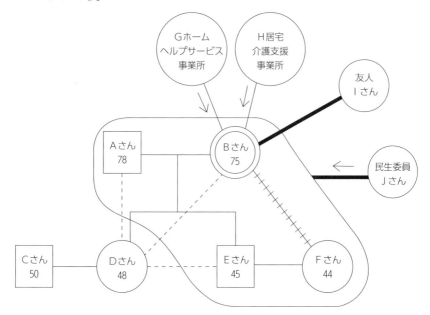

## 著者紹介

**小林　雅彦**（こばやし・まさひこ）
国際医療福祉大学医療福祉学部教授

1957年、千葉県生まれ。
日本社会事業大学大学院社会福祉学研究科修士課程修了。
川崎市社会福祉協議会、全国社会福祉協議会、
厚生労働省地域福祉専門官等を経て現職。

〈主著〉
『民生委員・児童委員のための子ども・子育て支援実践ハンドブック』（単著、中央法規出版、2014年）
『民生委員のための地域福祉活動実践ハンドブック』（単著、中央法規出版、2011年）
『改訂 民生委員のための地域福祉活動Q&A』（共著、中央法規出版、2011年）
『地域福祉論―基本と事例（第2版）』（編著、学文社、2010年）
『地域福祉論―理論と方法』（共編著、第一法規出版、2009年）
『住民参加型の福祉活動―きらめく実践例』（共編著、ぎょうせい、2002年）
『地域福祉の法務と行政』（編著、ぎょうせい、2002年）

## 民生委員のための相談面接ハンドブック
―― 支援に役立つ35のQ&A

2017年4月20日 初 版 発 行
2021年4月10日 初版第5刷発行

著　者 ………… 小林雅彦

発行者 ………… 荘村明彦

発行所 ………… 中央法規出版株式会社
　　　　　　〒110-0016　東京都台東区台東3-29-1　中央法規ビル
　　　　　　営　　業　　　TEL 03-3834-5817　FAX 03-3837-8037
　　　　　　取次・書店担当　TEL 03-3834-5815　FAX 03-3837-8035
　　　　　　https://www.chuohoki.co.jp/

印刷・製本 ……… 株式会社太洋社

ブックデザイン … 株式会社ジャパンマテリアル

本文イラスト …… 小林理代

ISBN978-4-8058-5492-1

定価はカバーに表示してあります。
本書のコピー、スキャン、デジタル化等の無断複製は、著作権法上での例外を除き禁じられています。また、本書を代行業者等の第三者に依頼してコピー、スキャン、デジタル化することは、たとえ個人や家庭内での利用であっても著作権法違反です。
落丁本・乱丁本はお取り替えいたします。
本書の内容に関するご質問については、下記URLから「お問い合わせフォーム」にご入力いただきますようお願いいたします。
https://www.chuohoki.co.jp/contact/